Josef Moser

# Perspektive Beruf 7

Arbeit – Wirtschaft – Technik

**Lehrerhandbuch**

1. Auflage

Bestellnummer 27005

Haben Sie Anregungen oder Kritikpunkte zu diesem Produkt?
Dann senden Sie eine E-Mail an 27005_001@bv-1.de
Autoren und Verlag freuen sich auf Ihre Rückmeldung.

**Zeichenerklärung**

LM Dieses Symbol kennzeichnet Seiten mit einer bestimmten Lernmethode.

M Dieses Symbol kennzeichnet Seiten mit speziellen Lerninhalten für die M-Klassen.

BO Dieses Symbol kennzeichnet Seiten mit speziellen Inhalten zur Berufsorientierung.

**www.bildungsverlag1.de**

Bildungsverlag EINS GmbH
Hansestraße 115, 51149 Köln

ISBN 978-3-427-**27005**-8

## Sehr geehrte Kolleginnen und Kollegen,

die Einführung des Lehrplans für die Hauptschule im Jahr 2003, die Hauptschulinitiative von 2007 sowie die Konzeption der neuen Haupt- und Mittelschule von 2010 haben dem Fach AWT als Leitfach im Lernfeld Arbeit-Wirtschaft-Technik eine erneute Aufwertung und Bedeutung zukommen lassen. Neue zusätzliche Inhalte in den berufsorientierenden Zweigen, Schwerpunkte wie Berufsorientierung, Berufswahlreife, Kompetenzerwerb für das spätere Berufsleben, vergrößerter Praxisanteil durch Projekte, Betriebspraktika und die Projektprüfung in der 9. Jahrgangsstufe erfordern permanente Orientierung am augenblicklichen und zukünftigen wirtschaftlichen Geschehen. Das bedeutet in der Praxis eine intensive und zeitaufwendige Vor- und Nachbereitung des Unterrichts.
Um Ihnen diese Arbeit zu erleichtern, wurde von uns das Kompendium „Perspektive Beruf" geschaffen. Dieses besteht aus

- einem Schülerbuch,
- einem Lehrerhandbuch und
- einer CD (Inhalt s. Seite 4).

In diesen Arbeitsmitteln haben wir die Lerninhalte des Lehrplans und die Grundsätze der neuen Haupt- bzw. Mittelschule schülerorientiert umgesetzt.

## Das Schülerbuch (SB)

bildet die Basis. Es beinhaltet alle im Lehrplan vorgegebenen Lerninhalte. Dabei sind die Lerninhalte des „M-Zuges" durch das Signum M, die vertiefte Berufsorientierung durch BO und die Lernmethoden durch LM gekennzeichnet. Die Buchseiten sind übersichtlich aufgebaut und die wichtigsten Lerninhalte sind in einem Merksatz zusammengefasst. Je nach Leistungsniveau der Klasse oder der Schüler stehen die Arbeitsaufgaben als Einzel- oder Gruppenauftrag. Alle Lerninhalte beider Anforderungsstufen sind problemorientiert, zeit- und gegenwartsbezogen sowie inhaltlich klar gegliedert und übersichtlich strukturiert dargestellt. Sie folgen in der Anordnung den Strukturen der Lehrplanvorgaben.

Dem Anspruchsniveau der 7. Jahrgangsstufe wurde durch umfassende Veranschaulichung, lebensnahe Fallbeispiele und Problemsituationen, angemessene Informationsbreite, konzentrierte Stoffzusammenfassungen und differenzierte sowie weiterführende Arbeitsaufgaben entsprochen, welche die Selbsttätigkeit und Handlungsorientierung in den Vordergrund stellen.

Am Ende eines jeden Kapitels werden in einer Lernzielkontrolle die Inhalte des Kapitels abgefragt und wiederholt. Anhand der Seite „Auf einen Blick" können Regel- oder M-Schüler die Zusammenhänge in einem Kurzvortrag erläutern.

Einen besonderen Schwerpunkt nimmt das in einem eigenen Kapitel dargestellte Grundwissen ein, das im Sinne des Wiederholens, Übens und Vertiefens strukturiert ist.

## Das Lehrerhandbuch (LHB)

ist so gestaltet, dass es Ihnen den größten Teil der schwierigen und aufwendigen Vorbereitungsarbeit abnimmt. Es ersetzt natürlich nicht die persönliche Vorbereitung und Ausrichtung des Unterrichts und der Arbeitsblätter auf die aktuellen und regionalen Bezugpunkte bzw. Ereignisse aus dem Arbeits- und Wirtschaftsleben. Inhaltsverzeichnis und Stoffverteilungsplan erleichtern den Überblick und die Stoffauswahl mit Verweisen auf das Schülerbuch, die Stundenbilder, die Arbeitsblätter und die Dateien auf der CD.

Das Lehrerhandbuch enthält

- ein übersichtliches Inhaltsverzeichnis mit Zuordnung der Stundenbilder zu den jeweiligen Lehrplanzielen für AWT,
- einen Stoffverteilungsplan mit einer Zeitleiste für die aktuelle Jahres-, Monats- oder Wochenplanung,
- alle Lehrplaninhalte in Stundenbildern mit dem entsprechenden Arbeitsblatt,
- die Zuordnung der Unterrichtseinheiten zum Schülerbuch, der Arbeitsblattnummer und der Begleit-CD.

**Die Stundenbilder/Unterrichtseinheiten (UE) beinhalten**

- eine stofflich enge Zielformulierung der Lerninhalte,
- Verweise auf einzusetzende Arbeitsmittel und Schülerbuchseiten, Dateien auf der Begleit-CD,
- Hinweise auf zusätzliche Medien und Informationshilfen,
- einen strukturierten Stundenablauf,
- weiterführende und vertiefende Aufgabenstellungen.

**Die Arbeitsblätter (AB)**
zu den jeweiligen Stundenbildern fassen die Unterrichtsergebnisse in meist enger Anlehnung an das Tafelbild übersichtlich zusammen und können von den Schülern selbstständig ausgefüllt werden. In der Verbindung mit den vorgegebenen Lösungshilfen optimieren sie Unterrichtszeit und Korrekturarbeit.

**Die Arbeitsblätter Berufswahlordner (AB_BO)**
sind ein Vorschlag für das Anlegen des Berufswahlpasses für die Jahrgangsstufe 7.

## Die CD-ROM

enthält

- verschiedene Fotos (jpg) aus dem Schülerbuch als visuelle Impulse für den Einstieg in das Unterrichtsthema,
- die Arbeitsblätter vierfarbig (Word 2003),
- die Arbeitsblätter vierfarbig (pdf),
- die Lösungen zu den Arbeitsblättern vierfarbig (Word 2003),
- die Lösungen zu den Arbeitsblättern vierfarbig (pdf),
- die Lernzielkontrollseiten „Überprüfe dein Wissen!“ aus dem Schülerbuch gestaltet als Arbeitsblätter zur selbstständigen Bearbeitung der Arbeitsaufgaben durch die Schüler anhand der zugehörigen Buch-Seiten (Word 2003),
- die Lernzielkontrollseiten „Überprüfe dein Wissen!“ aus dem Schülerbuch (pdf),
- die Seiten „Auf einen Blick“ identisch mit dem Schülerbuch zur Zusammenfassung und Wiederholung der Kapitelinhalte durch die Lehrkraft oder die Schüler (pdf),
- die Seiten zum Berufswahlordner (Word 2003),
- die Seiten zum Berufswahlordner (pdf),
- den Stoffverteilungsplan (Word 2003),
- den Stoffverteilungsplan (pdf),
- die Tafelbilder zu den Unterrichtseinheiten (pdf).

Die Seiten und Arbeitsblätter im Word 2003-Format werden zur Ansicht oder zur Verwendung ohne weitere Bearbeitung am PC auch im pdf-Format angeboten.

Sie können im Übrigen auch mit regionalen Bezügen ergänzt bzw. verändert werden, damit eine individuelle und lokal differenzierte Stoffauswahl verwirklicht werden kann.

**Die Dateien sind folgendermaßen gekennzeichnet:**

**Im Ordner Abbildungen**
SB8_01 Schülerbuch, Seite 8, Foto 1

Im Ordner Arbeitsblätter
AB_01 Arbeitsblatt 1

**Im Ordner Arbeitsblätter_Lösungen**
AB_01L Arbeitsblatt 1, Lösung

**Im Ordner Auf einen Blick**
Abli_01 Auf einen Blick, Kapitel 1

**Im Ordner Berufswahlordner**
AB_BO_01 Arbeitsblatt 1, Berufswahlordner

**Im Ordner Stoffverteilungsplan**
Stoffverteilungsplan.doc

**Im Ordner Tafelbilder**
TB_UE_01 Tafelbild, Unterrichtseinheit 1

**Im Ordner Überprüfe dein Wissen**
üwi_01 Überprüfe dein Wissen, Kapitel 1

**Sehr geehrte Kolleginnen und Kollegen,**
wenn Sie unser Kompendium „Perspektive Beruf“ nutzen, können Sie Ihren Unterricht im Fach AWT ohne größeren Zeit- und Informationsaufwand effektiv, ergebnis- und schülerorientiert verwirklichen.

Dazu wünschen wir Ihnen viel Erfolg und berufliche Freude.

Ihr Verlag Ihre Autoren

# Inhaltsverzeichnis

| Monat/ Woche | Themen | SB-S. | LHB-S. | AB-Nr. | CD-Datei |
|---|---|---|---|---|---|
| | ***LZ 7.1 Erster Zugang zu betrieblicher Erwerbsarbeit und Beruf*** | | | | |
| | **1. Menschen bei der Arbeit** | 7 | | | |
| | UE 1: Merkmale eines Arbeitsplatzes | 8 | 8 | 1 | AB_01 |
| | UE 2: Vielfältige Formen von Arbeit | 10 | 10 | 2 | AB_02 |
| | UE 3: Die Vielfalt der Berufe | 11 | 12 | 3 | AB_03 |
| | UE 4: Arbeitsplatzerkundung/ Zugangserkundung M LM | 14 | 14 | 4–6 | AB_04 AB_05 AB_06 |
| | UE 5: Berufe richtig ordnen | 19 | 18 | 7 | AB_07 |
| | **2. Leben und Beruf** | 23 | | | |
| | UE 6: Aussagen über Arbeit und Beruf | 24 | 20 | 8 | AB_08 |
| | UE 7: Sichtweisen von Mädchen und Jungen | 28 | 22 | 9 | AB_09 |
| | UE 8: Geld verdienen – nicht um jeden Preis? M | 29 | 24 | 10 | AB_10 |
| | UE 9: Meine Berufs- und Lebensplanung BO | 30 | 26 | 11 | AB_11 |
| | UE 10: „Tour der Berufswahl“ BO | 31 | 28 | 12 | AB_12 |
| | UE 11: Berufsorientierende Zweige BO | 33 | 30 | 13 | AB_13 |
| | ***LZ 7.2 Wirtschaften im privaten Haushalt*** | | | | |
| | **3. Auskommen mit dem Haushaltseinkommen** | 41 | | | |
| | UE 12: Vielfältige Ausgaben im Haushalt | 42 | 32 | 14 | AB_14 |
| | UE 13: Lebenshaltungskosten | 43 | 34 | 15 | AB_15 |
| | UE 14: Haushaltsausgaben sind unterschiedlich | 44 | 36 | 16 | AB_16 |
| | UE 15: Einkommensquellen privater Haushalte | 46 | 38 | 17 | AB_17 |
| | UE 16: Finanzen planen | 47 | 40 | 18 | AB_18 |
| | UE 17: Ökonomisch handeln und wirtschaften | 48 | 42 | 19 | AB_19 |
| | UE 18: Ökonomisches Prinzip | 49 | 44 | 20 | AB_20 |
| | UE 19: Buchführung im Haushalt | 50 | 46 | 21 | AB_21 |
| | UE 20: Verantwortlicher Umgang mit dem Einkommen | 52 | 48 | 22 | AB_22 |
| | UE 21: Einkommen und Lebensstandard M | 53 | 50 | 23 | AB_23 |
| | UE 22: Umweltbewusst haushalten M | 54 | 52 | 24 | AB_24 |
| | UE 23: Familie Huber ist überschuldet | 55 | 54 | 25 | AB_25 |
| | UE 24: Auswege aus der Überschuldung | 56 | 56 | 26 | AB_26 |
| | UE 25: Taschengeld und Konsumdruck | 57 | 58 | 27 | AB_27 |

| Monat/ Woche | Themen | SB-S. | LHB-S. | AB-Nr. | CD-Datei |
|---|---|---|---|---|---|
| | **4. Die Markterkundung** | 61 | | | |
| | UE 26: Der Markt, Treffpunkt von Käufer und Verkäufer | 62 | 60 | 28 | AB_28 |
| | UE 27: Angebot und Nachfrage auf dem Markt | 64 | 62 | 29 | AB_29 |
| | UE 28: Wir erkunden einen Supermarkt | 66 | 64 | 30 | AB_30 |
| | | | | 31 | AB_31 |
| | | | | 32 | AB_32 |
| | | | | 33 | AB_33 |
| | | | | 34 | AB_34 |
| | UE 29: Verpackung und Abfall | 72 | 70 | 35 | AB_35 |
| | UE 30: Einkauf im Internet M LM | 73 | 72 | 36 | AB_36 |
| | ***LZ 7.3 Schüler arbeiten und wirtschaften für einen Markt*** | | | | |
| | **5. Projekt: Arbeiten und Wirtschaften für einen Markt** | 77 | | | |
| | UE 31: Projekt: Wir arbeiten und wirtschaften für einen Markt an der Schule LM | | 74 | 37 | AB_37 |
| | UE 32: Projekt Schulfasching LM | 78 | 76 | | |
| | UE 33: Wir machen eine Umfrage LM) | 80 | 80 | 38 | AB_38 |
| | UE 34: Wir befragen Experten LM | 88 | 82 | 39 | AB_39 |
| | UE 35: Wir arbeiten im Team LM | 96 | 84 | 40 | AB_40 |
| | UE 36: Wie senken wir die Produktionskosten? | 87 | 86 | 41 | AB_41 |
| | UE 37: Verbraucherschutz – Recht und Gesetz | 86 | 88 | 42 | AB_42 |
| | UE 38: Wirtschaften für einen Markt | 127 | 90 | 43 | AB_43 |
| | UE 39: Umsatz – Gewinn – Verlust | 99 | 92 | 44 | AB_44 |
| | ***LZ 7.4 Arbeit und Technik im privaten Haushalt*** | | | | |
| | **6. Arbeit, Technik, Haushalt** | 105 | | | |
| | UE 40: Technik im Wandel der Zeit | 106 | 94 | 45 | AB_45 |
| | UE 41: Technikeinsatz im Haushalt | 108 | 96 | 46 | AB_46 |
| | UE 42: Wie viel Technik im Haushalt muss sein? | 110 | 98 | 47 | AB_47 |
| | UE 43: Wohin mit dem Elektroschrott? | 112 | 100 | 48 | AB_48 |
| | UE 44: Energiekosten senken – aber wie? | 113 | 102 | 49 | AB_49 |
| | UE 45: Die Technik hat die Arbeit im Haushalt verändert | 115 | 104 | 50 | AB_50 |
| | UE 46: Grenzen, Risiken und Chancen der Technik im Haushalt M | 117 | 106 | 51 | AB_51 |

## UE 1: Merkmale eines Arbeitsplatzes

### Lerninhalte

- Begriffe „Arbeitsplatz“ und „Arbeitsplatzmerkmale“ beschreiben (definieren) können
- Erkennen, dass jeder Arbeitsplatz verschiedene Anforderungen stellt
- Am Beispiel Zimmerer/Zimmerin und Kinderpfleger/Kinderpflegerin die Arbeitsplatzmerkmale erklären können

### Arbeitsmittel

- Schülerbuch, Seite 8 und 9
- AB 1
- „BERUF AKTUELL“
- Internetrecherche

**CD**
- AB_01, AB_01L
- TB_UE_01
- Fotos: SB8_01 und SB8_02

### Unterrichtsverlauf

**Einstiegsmöglichkeiten**
- Fotos von Zimmerer und Kinderpflegerin
- Text: Schülerbuch, Seite 8 und 9
- Fallbeispiel eines Schulabgängers
- Berichterstattung eines Berufsanfängers
- Zwei gegensätzliche Arbeitsorte (z. B. Maurer/Köchin)

**Zielstellung**
Welche Merkmale kennzeichnen einen Arbeitsplatz?

**Erarbeitung**
- In den im Tafelbild dargelegten Schritten können in arbeitsteiligen oder arbeitsgleichen Gruppen, bzw. in Partnerarbeit die einzelnen Kriterien erarbeitet werden.
- Die Erarbeitung kann auch anhand eines Fallbeispieles gemäß den oben angegebenen Einstiegsmöglichkeiten erfolgen.
- Gemäß Arbeitsauftrag 1 Seite 9 aus dem Schülerbuch können die einzelnen Ausgaben detaillierter in Form von Mind Maps in Gruppenarbeit dargestellt werden.
- Das Bewusstmachen, dass Arbeitsplatzmerkmale einen Beruf klar beschreiben, kennzeichnen und Anforderungen an den Arbeitenden stellen, kann durch Fallbeispiele, Berichte von Auszubildenden, auch Eltern oder die Internetrecherche verdeutlicht werden.
- Anhand der Übersicht Schülerbuch, Seite 9 können die unterschiedlichen Anforderungen (körperlich bzw. psychisch) von Zimmerer/Zimmerin und Kinderpfleger/Kinderpflegerin aufgezeigt werden.

**Vertiefung**
- Wandzeitungen zum Thema erstellen
- Arbeitsaufgabe 2 aus dem Schülerbuch, Seite 9
- Anforderungen des Berufswunsches in einer Mind Map darstellen, mit den eigenen Voraussetzungen vergleichen

### Tafelbild

**Merkmale eines Arbeitsplatzes**

**1. Welche Merkmale kennzeichnen einen Arbeitsplatz?**
- Arbeitsort (Baustelle, Büro ...)
- Arbeitsaufgabe (Verwaltung, Produktion, Dienstleistungen ...)
- Tätigkeiten (Büroarbeit, Gegenstand herstellen, pflegen ...)
- Arbeitsbedingungen (Lärm, Staub, Konfliktsituationen ...)
- Betriebs- und Arbeitsmittel (Maschinen, Computer ...)

**2. Beispiel Zimmerer/Zimmerin**
- Arbeitsort
- Arbeitsaufgabe
- Tätigkeiten
- Arbeitsbedingungen
- Betriebs- und Arbeitsmittel

**3. Beispiel Kinderpfleger/Kinderpflegerin**
- Arbeitsort
- Arbeitsaufgabe
- Tätigkeiten
- Arbeitsbedingungen
- Betriebs- und Arbeitsmittel

**Merke:**
Jeder Arbeitsplatz ist durch Arbeitsplatzmerkmale gekennzeichnet, die je nach Beruf unterschiedlich sind. Sie sind wichtige Kriterien, die bei der Berufswahl entscheidend sein können.

Name: ______________________ Klasse: ________ Blatt: ________

## Merkmale eines Arbeitsplatzes

Ergänze die Angaben mithilfe des Schülerbuchs, Seite 8 und 9.

a) Welche Merkmale kennzeichnen einen Arbeitsplatz?

**Arbeitsort:** ______________________

**Arbeitsaufgaben:** ______________________

**Tätigkeiten:** ______________________

**Arbeitsbedingungen:** ______________________

**Betriebs- und Arbeitsmittel:** ______________________

b) Beispiel Zimmerer/Zimmerin

**Arbeitsort:** ______________________

**Arbeitsaufgaben:** ______________________

**Tätigkeiten:** ______________________

______________________

**Arbeitsbedingungen:** ______________________

______________________

**Betriebs- und Arbeitsmittel:** ______________________

______________________

c) Beispiel Kinderpfleger/Kinderpflegerin

**Arbeitsort:** ______________________

**Arbeitsaufgaben:** ______________________

______________________

**Tätigkeiten:** ______________________

______________________

**Arbeitsbedingungen:** ______________________

______________________

**Betriebs- und Arbeitsmittel:** ______________________

______________________

**Merke**

______________________

______________________

______________________

# UE 2: Vielfältige Formen von Arbeit

## Lerninhalte

- Unterschiedliche Formen von Arbeit kennenlernen und unterscheiden können
- Erkennen, dass jede Arbeit bestimmte Anforderungen an den Menschen stellt
- An Beispielen die vielfältigen Formen von Arbeit erklären können

## Arbeitsmittel

- Schülerbuch, Seite 10
- AB 2
- „BERUF AKTUELL"
- Internetrecherche

### CD
- AB_02, AB_02L
- TB_UE_02
- Fotos: SB7

## Unterrichtsverlauf

### Einstiegsmöglichkeiten
- Fotos: Collage von Schülerbuch, Seite 7
- Text: Schülerbuch, Seite 10
- Kurzfilm Bäcker/Bäckerin, bzw. Bankkauffrau/Bankkaufmann
- Experte: Ein Bäcker erzählt über seinen Beruf

### Zielstellung
- Vielfältige Formen von Arbeit
- Welche Formen von Arbeit werden vom Bäcker gefordert?

### Erarbeitung
- In den im Tafelbild dargelegten Schritten können in arbeitsteiligen oder arbeitsgleichen Gruppen, bzw. in Partnerarbeit die unterschiedlichen Formen von Arbeit erarbeitet werden.
- Der Kurzfilm Bäcker oder Bankkauffrau zeigt die Vielfalt dieser Berufe auf, unterschiedliche Tätigkeiten können analysiert werden und den Formen von Arbeit zugeordnet werden.
- Gemäß Arbeitsauftrag 2 Seite 10 aus dem Schülerbuch können die Schüler zwei oder mehr Berufe analysieren, in Tabellenform gebracht vergleichen und dadurch die Vielseitigkeit der einzelnen Berufe herausarbeiten.
- Bewusst sollte die Bedeutung eines erlernten Ausbildungsberufes mit seinen Anforderungen herausgestellt werden.

### Vertiefung
- Wandzeitungen zum Thema erstellen
- Zusätzliche Berufsbilder erarbeiten und im Berufswahlpass sammeln
- Schüler stellen in einem Ratespiel pantomimisch ihren Wunschberuf dar.

## Tafelbild

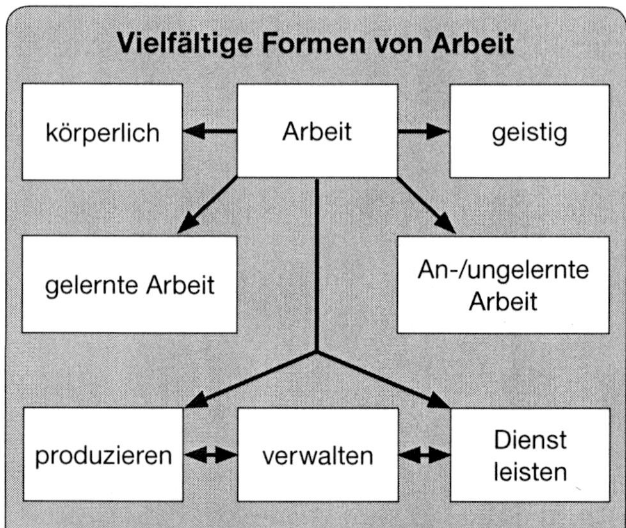


**2. Beispiele**

Ordne den Fotos aus dem Schülerbuch, Seite 10, Bäcker und Bankkauffrau, Tätigkeiten zu.

**Bäcker:**
- produzieren: Brot backen ...
- körperlich: Teig kneten ...
- geistig: Zutaten berechnen ...
- verwalten: Mehl bestellen ...
- gelernt: Ausbildungsberuf ...

**Bankkauffrau:**
- Dienstleistung: beraten, verkaufen ...
- geistig: Kunden beraten ...
- körperlich: wenig Belastung
- verwalten: Kontoführung ...
- gelernt: Ausbildungsberuf ...

**Merke:**
Es gibt unterschiedliche Formen von Arbeit. Manche Berufe erfordern mehr geistige, manche mehr körperliche Arbeit, manche setzen eine anerkannte Berufsausbildung voraus oder können angelernt werden. Produzierende Arbeit (z. B. Bäcker/-in) stellt Waren her. Dienstleistungen sind Arbeiten, die dem Menschen dienen (z. B. Bankkauffrau/-mann, Altenpfleger/-in).

Name: ______________________ Klasse: ________ Blatt: ________

## Vielfältige Formen von Arbeit

**1** Es gibt unterschiedliche Formen von Arbeit. Fülle die Übersicht aus.

**Arbeit**

**2** Beispiele: Beschreibe die beiden Fotos aus dem Schülerbuch, Seite 10 und ordne ihnen Tätigkeiten zu.

| Bäcker | |
|---|---|
| Produzieren: | ______________________ |
| Körperlich: | ______________________ |
| Geistig: | ______________________ |
| Verwalten: | ______________________ |
| Gelernt: | ______________________ |

| Bankkauffrau | |
|---|---|
| Dienstleistung: | ______________________ |
| Geistig: | ______________________ |
| Körperlich: | ______________________ |
| Verwalten: | ______________________ |
| Gelernt: | ______________________ |

**Merke**

## UE 3: Die Vielfalt der Berufe

### Lerninhalte

- Die Entstehung von Berufen beschreiben können
- Erkennen, dass mit Beginn der Industrialisierung alte Handwerksberufe verdrängt wurden
- Erkennen, dass durch den technischen Fortschritt alte Berufe verschwinden, neue entstehen und Berufsbilder sich verändern
- Erkennen, dass Berufe im Dienstleistungsbereich an Bedeutung gewinnen und zunehmen
- Wissen, welche vier großen Dienstleistungsbereich man unterscheidet

### Arbeitsmittel

- Schülerbuch, Seite 11 und 12
- AB 3
- Filmmaterial zur Entstehung von Berufen
- Film „Die industrielle Revolution"
- Internetrecherche

**CD**
- AB_03, AB_03L
- TB_UE_03

### Unterrichtsverlauf

**Einstiegsmöglichkeiten**
- Text: Schülerbuch, Seite 11 und 12
- Geschichtlicher Rückblick
- Filme zur Entstehung von Berufen, industriellen Revolution, Computer- und Robottereinsatz
- Stellenanzeigen von Dienstleistungsberufen

**Zielstellung**
- Die Vielfalt von Berufen
- Die Entstehung von Berufen

**Erarbeitung**
- In den im Tafelbild dargelegten Schritten können in arbeitsteiligen oder arbeitsgleichen Gruppen, bzw. in Partnerarbeit die einzelnen Kriterien erarbeitet werden.
- Ausgehend vom Film „Die industrielle Revolution" können die Schüler/-innen die Entstehung von neuen Berufen und das Aussterben von „Urberufen" nachvollziehen. Sie sollen dies anhand von Beispielen erklären.
- Industrielle Revolution und schneller technischer Fortschritt infolge der Computertechnik haben die Berufswelt revolutioniert, die Vielfalt der Berufe in Industrie und Handwerk erweitert.
- Die Massenproduktion erfordert schnelle Transportmöglichkeiten, die den weltweiten Handel rasant ansteigen lassen.
- Neue Dienstleistungsbereiche entstehen und mit ihnen neue Berufe und Arbeitsplätze.

**Vertiefung**
- Wandzeitungen zum Thema erstellen
- Arbeitsaufgaben 1 und 2 aus dem Schülerbuch, Seite 12
- Zeitleiste zum Thema erstellen

### Tafelbild

**Die Vielfalt der Berufe**

**1. Wie Berufe entstanden sind**
- Menschen als Jäger und Sammler werden sesshaft
- Spezialisierung setzt ein, z.B. Gerben von Fellen, Töpfern von Gefäßen, Herstellen von Waffen
- Handwerk entsteht, z.B. Gerber, Töpfer, Müller
- Handarbeit bestimmt die Produktion mit einfachen Werkzeugen
- Mechanisierung setzt ein, Wasserkraft und Windkraft werden genutzt, z.B. Mühlen, Eisenverhüttung

**2. Industrialisierung und Computertechnik verändern Handwerk und Berufe**
- Erfindung der Dampfmaschine ermöglicht Massenproduktion
- Handwerker werden zu Maschinenbedienern
- Computer verändern viele Berufsbilder

**3. Dienstleistungsbereiche gewinnen an Bedeutung**
- Weltweiter Handel mit Waren nimmt zu
- In den Dienstleistungsbereichen Handel, Private Dienste, Sozialpflege und Öffentlicher Dienst entstehen neue Berufe

**Merke:**
Die Vielfalt der Berufe im Handwerk hat sich durch die Industrialisierung, den technischen Fortschritt und durch die Computertechnik verändert. Berufe im Dienstleistungsbereich haben an Bedeutung gewonnen.

Name: ______________________ Klasse: ________ Blatt: ________

## Die Vielfalt der Berufe

**1** Erläutere, wie Berufe entstanden sind.

- ______________________
- ______________________
- ______________________
- ______________________
- ______________________

**2** Erkläre, wie Industrialisierung und Computertechnik Handwerk und Berufe verändern.

- ______________________
- ______________________
- ______________________
- ______________________

**3** Erläutere, welche Dienstleistungsbereiche an Bedeutung gewinnen.

- ______________________
- ______________________
- ______________________

**Merke** ______________________

## UE 4: Arbeitsplatzerkundung/ Zugangserkundung M LM

### Lerninhalte

- Die Schüler/-innen sollen die Arbeitsplatzerkundung anhand der Leittextmethode durchführen.
- Durch die Erkundung sollen die Schüler Horizontwissen (Informationen über Arbeitsplatz), Sachwissen (Beschreibung des Arbeitsplatzes, Arbeitsaufgaben, Tätigkeiten, Materialien usw.) und Sinnwissen (Erleben des Arbeitsplatzes, Position des Arbeiters usw.) erfahren.

### Arbeitsmittel

- Schülerbuch, Seite 14–18
- AB 4–6

**CD**
AB_04, AB_05, AB_06

### Vorüberlegungen zur Arbeitsplatzerkundung

Arbeitsplatzerkundungen sind den Schülern bereits aus der 5. und 6. Jahrgangsstufe bekannt. Zwei Möglichkeiten bieten sich für die Erkundung:

1. **Erkundung mit dem Lehrer**
   Bei der Erkundung mit dem Lehrer wird die Erkundung gemeinsam unter gezielter Anleitung der Lehrkräfte vorbereitet.
2. **Erkundung anhand der Leittextmethode**
   In der Jahrgangsstufe 7 sollen die Schülerinnen und Schüler möglichst selbstständig unter Zuhilfenahme eines Leittextes diese Arbeitsplatzerkundung durchführen.
   - Sinn der Leittextmethode ist der selbstständige Erwerb von Lerninhalten.
   - Prinzip der Leittextmethode: Jeder erhält den kompletten didaktisch aufbereiteten und in Schritte gegliederten Leittext.
   - Die Durchführung kann in Einzelarbeit, sollte aber in festen Kleingruppen (3 bis 4 Schüler) erfolgen.
   - Die Rolle der Lehrkraft ist die des Begleiters und Lernberaters.

### Hinweise zur Durchführung der Zugangserkundung mit der Leittextmethode

Einige Tipps zur Durchführung, die durch die aktuellen Vorgaben der amtlichen Stellen (Schule, KM usw.) selbstständig ergänzt werden können:

- Zu Beginn des Schuljahres bereits die Haftpflichtversicherung abschließen
- Information der Betriebe und Eltern über Inhalte und Form der Erkundungen
- Unterweisung und Belehrung über die wichtigsten Verhaltensregeln und Unfallverhütungsvorschriften
- Planungs- und Organisationshilfen (Erkundungsbogen, Fragebogen, Auswertungsbogen, Beobachtungsbogen usw.) erstellen

### Inhaltliche Struktur der Erkundung

Die inhaltliche Struktur kann sich an den im Schülerbuch vorgegebenen fünf Schritten bzw. den in der Klasse erarbeiteten Erkundungsschritten orientieren. Die Erkundung gliedert sich in der Regel in Vorbereitung, Durchführung und Auswertung.

**Vorbereitungsphase**
In der Vorbereitung wird der Leittext entweder von der Lehrkraft vorgegeben oder gemeinsam in der Klasse formuliert. Planungshilfen wie oben angeführt werden gemeinsam erarbeitet.

**Durchführungsphase**
Die Erkundung sollte sich auf zwei bis höchstens vier Stunden beschränken. Die Erkundungsergebnisse werden gemäß den vorbereiteten Planungshilfen schriftlich festgehalten. Multiple-Choice-Aufgaben erleichtern zwar schwächeren Schülern das Ausfüllen der Beobachtungsbogen, dennoch sollten Beobachtungsaufgaben für selbst formulierte Antworten nicht fehlen.

**Auswertungsphase**
Die Schüler sollen ihre Eindrücke strukturiert und übersichtlich darstellen. Wesentliche Aspekte und Schwerpunkte können je nach Vermögen der Schüler in Form von Übersichten, Tabellen, Wandzeitungen, PowerPointpräsentationen usw. in der Klasse präsentiert werden.

**Abschließende Bemerkung**
Die Zugangserkundung ist für die Berufsorientierung wichtig als Einstieg zu verschiedensten Berufen und außerschulischen Lernorten, die durch weitere Erkundungen und Betriebspraktika in den kommenden Schuljahren ergänzt werden. Solche Unterrichtsmethoden motivieren die Schüler, stärken das Selbstwertgefühl und vermitteln ihnen schrittweise Handlungs- und Sozialkompetenz.

Name: ______________________ Klasse: ________ Blatt: ________

## Erkundung zum Arbeitsplatz eines/einer ____________________ (1)

**Du sollst Informationen über den gewählten Erkundungsbetrieb und zum Arbeitsplatz eines Ausbildungsberufes sammeln und auswerten.**
Mit den Arbeitsblättern 4 bis 6 kannst du allein oder in einer Kleingruppe die Zugangserkundung durchführen.
Verhalte dich höflich, stelle die Fragen deutlich und notiere die Antworten in Absprache mit dem Erkundungsbetrieb auf deinen Erkundungsblättern.
**Als Hilfe zum Ausfüllen dient dir die Seite 15 im Schülerbuch.**

Foto von deinem Betrieb

## Betriebsspiegel

| | |
|---|---|
| **Firmenname des Betriebes** | |
| **Anschrift des Betriebes** | |
| **Geschäftsführer/-in bzw. Betriebsinhaber/-in** | |
| **Aufgabenfeld** (Was stellt der Betrieb her bzw. welche Dienstleistung bietet er an?) | |
| **Beschäftigte und ihre Aufgabenbereiche** | |
| **Ausbildungsberufe** (Welche anerkannten Ausbildungsberufe bildet der Betrieb aus?) | |

Name: ______________________ Klasse: ________ Blatt: ________

## Erkundung zum Arbeitsplatz eines/einer ______________ (2)

Nachdem du erste Informationen zu deinem Betrieb gesammelt hast, sollst du nun mit dem Beobachtungsbogen die Arbeitsplatzmerkmale, die für die Beschreibung eines Arbeitsplatzes von wesentlicher Bedeutung sind, erkunden und notieren.
**Als Hilfe zum Ausfüllen dient dir die Seite 16 im Schülerbuch.**

Foto vom Arbeitsplatz im Betrieb

**Arbeitsplatzmerkmale**

| | | | |
|---|---|---|---|
| **Ausgeübter Beruf** | ______________ | | |
| **Arbeitsort** (z. B. Werkbank, Maschine usw.) | ______________ | | |
| **Welche Arbeitsaufgabe wird ausgeführt?** (Beschreibe in Stichpunkten.) | ______________<br>______________<br>______________ | | |
| **Welche Tätigkeiten werden ausgeführt?** (Beschreibe in Stichpunkten.) | ______________<br>______________<br>______________ | | |
| **Verwendung von Betriebs- und Arbeitsmitteln** (Beschreibe in Stichpunkten.) | ______________<br>______________<br>______________ | | |
| **Arbeitsbedingungen am Arbeitsplatz (dein Eindruck)** (Kreuze an.) | ☐ Gut | ☐ Sehr gut | ☐ Weniger gut |
| **Arbeitsbelastungen bei der Arbeit** (Kreuze an.) | **Diese Tätigkeiten werden ausgeführt:**<br>☐ sitzend<br>☐ gebückt<br>☐ stehend<br>☐ liegend<br>☐ ................. | ☐ einzeln<br>☐ in der Gruppe<br>☐ mit Partner<br>☐ mit Zeitvorgabe<br>☐ im Akkord | ☐ Büro<br>☐ Werkstatt<br>☐ Baustelle<br>☐ im Freien<br>☐ gefährliche Arbeit |
| **Welche besonderen Fähigkeiten erfordert der Beruf?** (Kreuze an.) | ☐ gutes Hören und Sehen<br>☐ Ausdauer<br>☐ Konzentration<br>☐ Ordnungssinn<br>☐ körperliche Kraft<br>☐ technisches Verständnis | ☐ Gestaltungssinn<br>☐ Höflichkeit<br>☐ Hilfsbereitschaft<br>☐ Übersicht<br>☐ Geduld<br>☐ .................... | |

Name: ______________________ Klasse: ________ Blatt: ________

## Erkundung zum Arbeitsplatz eines/einer ______________ (3)

Nicht jedes Detail kann beobachtet werden. Einige Informationen können nur mithilfe eines Fragebogens erfasst werden. Dazu sollten die Fragen möglichst knapp und eindeutig formuliert sein. Dies ermöglicht klare kurze Antworten, die leicht protokolliert werden können.
**Als Hilfe zum Ausfüllen dient dir die Seite 17 im Schülerbuch. Ergänze weitere Fragen, die du stellen willst.**

Foto vom Interview, Name und Funktion des Gesprächpartners bzw. der Gesprächspartnerin

### Fragen an den Arbeitsplatzinhaber

| | |
|---|---|
| **Welchen Beruf haben Sie erlernt?** (Beschreibe in Stichpunkten.) | ______ ______ |
| **Stimmen der erlernte Beruf und die Tätigkeiten am Arbeitsplatz überein?** (Beschreibe in Stichpunkten.) | ______ ______ |
| **Ist für Sie der Computer ein wichtiges Arbeitsmittel und warum?** (Beschreibe in Stichpunkten.) | ______ ______ |
| **Besuchen Sie Weiterbildungskurse und warum?** (Beschreibe in Stichpunkten.) | ______ ______ |
| **Macht Ihnen der Beruf heute noch Freude und warum? Würden Sie diesen Beruf wieder ergreifen?** (Beschreibe in Stichpunkten.) | ______ ______ |
| **Welche Voraussetzungen waren für Ihren Arbeitsplatz in der Ausbildung sehr wichtig?** (Beschreibe in Stichpunkten.) | ______ ______ ______ |
| **Welche speziellen Fachkenntnisse sind für diesen Arbeitsplatz erforderlich und warum?** (Beschreibe in Stichpunkten.) | ______ ______ |
| ______ ______? | ______ ______ |

# UE 5: Berufe richtig ordnen

## Lerninhalte

- Verschiedene Möglichkeiten kennenlernen, wie Berufe gegliedert werden können
- Berufe in die Schemata einordnen können
- Die vier Wirtschaftsfelder Urproduktion, Handwerk, Industrie und Dienstleistung definieren und ihnen Berufe zuordnen können

## Arbeitsmittel

- Schülerbuch, Seite 19 und 20
- AB 7
- „BERUF AKTUELL“
- Internetrecherche

**CD**
- AB_07, AB_07L
- TB_UE_05
- Fotos: SB7

## Unterrichtsverlauf

### Einstiegsmöglichkeiten
- Text: Schülerbuch, Seite 19 und 20
- Obstsorten, Gemüsesorten o. Ä. auf Wortkarten, die unter Oberbegriffe eingeordnet werden sollen
- Parallel dazu verwandte Berufe, die ebenfalls unter Oberbegriffe eingeordnet werden können z. B. Landwirtschaft, Handel, Technik

### Zielstellung
Nach welchen Kriterien lassen sich Berufe sinnvoll ordnen?

### Erarbeitung
- In den im Tafelbild dargelegten Schritten können in arbeitsteiligen oder arbeitsgleichen Gruppen, bzw. in Partnerarbeit die einzelnen Kriterien erarbeitet werden.
- Finden von eigenen Ordnungsmöglichkeiten für die Vielfalt der Berufe mit der Methode Mind Mapping in Gruppenarbeit
- Ergänzen der Gliederung der 16 Berufsfelder aus „BERUF AKTUELL“
- Definieren der vier Wirtschaftsfelder Urproduktion, Handwerk, Industrie und Dienstleistung mit Zuordnung einzelner Berufe
- Zuordnen der Berufe aus der Fotocollage von Seite 7 aus dem Schülerbuch

### Vertiefung
- Wandzeitungen zum Thema erstellen
- Problematik aufzeigen, dass man manche Berufe verschiedenen Wirtschaftsfeldern zuordnen kann. Zum Beispiel der Bäcker, der einerseits ein Handwerksberuf ist – er produziert Güter (Brot, Kuchen usw.) für den täglichen Bedarf –, andererseits Dienstleister ist, der eine Dienstleistung (z. B. Brot backen) für den Kunden erbringt.

## Tafelbild

**Berufe kann man verschieden ordnen**

**1. Dreigliedriges Ordnungsschema**

| **Technik** | **Handel** | **Soziales** |
|---|---|---|

**2. Gliederung nach Wirtschaftsfeldern**

| Urproduktion | Handwerk | Industrie | Dienstleistung |
|---|---|---|---|

**3. Gliederung nach 16 Berufsfeldern**
(„BERUF AKTUELL“)
- Bau, Architektur, Vermessung
- Dienstleistung
- Elektro
- Gesellschafts-, Geisteswissenschaften
- Gesundheit
- IT, DV, Computer
- Kunst, Kultur, Gestaltung
- Landwirtschaft, Natur, Umwelt
- Medien
- ...

**Merke:**
Berufe können je nach Sichtweise nach den verschiedensten Kriterien geordnet werden. Meist geht es um die Gemeinsamkeiten, die Berufe miteinander haben.

Name: ______________________ Klasse: ________ Blatt: ________

# Berufe kann man verschieden ordnen

## 1. Dreigliedriges Ordnungsschema

| | | |
|---|---|---|
| | | |

## 2. Gliederung nach Wirtschaftsfeldern

| | | | |
|---|---|---|---|
| | | | |

## 3. Gliederung nach 16 Berufsfeldern

Ergänze die Berufsfelder mit Berufen. Benutze dazu das Internet, „BERUF AKTUELL“ und das Schülerbuch, Seite 20.

- Bau, Architektur, Vermessung: ______________________
- Dienstleistung: ______________________
- Elektro: ______________________
- Gesellschaftswissenschaften: ______________________
- Gesundheit: ______________________
- IT, DV, Computer: ______________________
- Kunst, Kultur, Gestaltung: ______________________
- Landwirtschaft, Natur, Umwelt: ______________________
- Medien: ______________________
- Metall, Maschinenbau: ______________________
- Naturwissenschaften: ______________________
- Produktion, Fertigung: ______________________
- Soziales, Pädagogik: ______________________
- Technik, Technologiefelder: ______________________
- Verkehr, Logistik: ______________________
- Wirtschaft, Verwaltung: ______________________

**Merke**

______________________

______________________

______________________

______________________

## UE 6: Aussagen über Arbeit und Beruf

### Lerninhalte

- Positive und negative Aussagen über Beruf und Arbeit unterscheiden
- Erkennen, dass Beruf und Arbeit von jedem anders wahrgenommen werden
- Erkennen, dass den Forderungen und Wünschen an den Beruf auch berufliche Anforderungen gegenüberstehen
- Erkennen, dass die Grundlage eines zufriedenen Berufslebens auch eine erfolgreiche Berufsausbildung sein kann

### Arbeitsmittel

- Schülerbuch, Seite 24, 25, 27
- AB 8
- „BERUF AKTUELL“

**CD**
- AB_08, AB_08L
- TB_UE_06

### Unterrichtsverlauf

**Einstiegsmöglichkeiten**
- Aussagen Schülerbuch, Seite 24 und 25
- Grafik über Belastungen am Arbeitsplatz Schülerbuch, Seite 27

**Zielstellung**
- Aussagen über Beruf und Arbeit?
- Beruf und Arbeit werden unterschiedlich wahrgenommen

**Erarbeitung**
- In den im Tafelbild dargelegten Schritten können in arbeitsteiligen oder arbeitsgleichen Gruppen, bzw. in Partnerarbeit die einzelnen Kriterien erarbeitet werden.
- Die positiven und negativen Seiten von Beruf und Arbeit können auch in einer Gegenüberstellung dargestellt werden.
- Die einzelnen Kriterien sollten die Schüler anhand von Beispielen beschreiben und begründen können.
- Bei Punkt 3 ist die Meinung der Schüler gefragt. Anhand der Arbeitsaufgabe 1, Schülerbuchseite 27 sollen die Schüler ihre Meinung darstellen und begründen.
- In einer Übersicht könnten die Schüler dann z. B. 10 Punkte vergeben, dabei den ihnen am wichtigsten Kriterien bis zu drei Punkte zuordnen. Das Ergebnis könnte grafisch als Diagramm dargestellt werden.
- Bewusst werden, dass die Berufszufriedenheit auch vom richtig gewählten Beruf abhängt

**Vertiefung**
- Wandzeitungen zum Thema erstellen
- Arbeitsaufgabe 3 aus dem Schülerbuch, Seite 25

### Tafelbild

**Aussagen über Beruf und Arbeit**

**1. Positive Sichtweisen**
- Guter Verdienst
- Erfolg
- Freude, Zufriedenheit und Ansehen
- sichert Lebensstandard
- ...

**2. Negative Sichtweisen**
- Stress und Zeitdruck
- Zu wenig Verdienst, Zusatzjob nötig
- Psychische/physische Belastungen
- Abhängigkeiten (Chef, Auftragslage ...)
- ...

**3. Was ist am Arbeitsplatz wichtig?**
- Festes Einkommen
- Sicherer Arbeitsplatz
- Freude an der und Stolz auf die Arbeit
- Behandlung als „Mensch“
- Kollegialität
- Gesundheitsschutz
- Sinnvolle Tätigkeit, Vielseitigkeit

**Merke:**
Arbeit und Beruf werden unterschiedlich wahrgenommen. Arbeit und Beruf sind nicht nur mit Freude und Anerkennung, sondern auch mit Belastungen verbunden. Deshalb ist eine gewissenhafte Vorbereitung auf die Berufswahl wichtig.

Name: ______________________ Klasse: ________ Blatt: ________

# Aussagen über Beruf und Arbeit

Arbeitnehmer, die zu Beruf und Arbeit befragt werden, haben unterschiedliche Sichtweisen zu ihrem Beruf, zu ihrer Arbeit und zu den Faktoren, die ihnen für ihren Arbeitsplatz wichtig erscheinen.

Lies dir die Äußerungen der Erwachsenen und Jugendlichen im Schülerbuch, Seite 24 und 25 durch. Welche Sichtweisen kannst du feststellen und was ist für sie am Arbeitsplatz wichtig? Ergänze diese Feststellungen mit deinen eigenen Vorstellungen.

## 1. Positive Sichtweisen zu Beruf und Arbeit

Guter Verdienst
Erfolg
Freude und Zufriedenheit
Ansehen
Gesicherter Lebensstandard

- ______________________
- ______________________
- ______________________
- ______________________
- ______________________

## 2. Negative Sichtweisen zu Beruf und Arbeit

Stress
Zu wenig Verdienst, Zusatzjob nötig
Zeitdruck
Psychische/physische Belastungen
Abhängigkeiten (Chef, Auftragslage ...)

- ______________________
- ______________________
- ______________________
- ______________________
- ______________________

## 3. Was ist am Arbeitsplatz wichtig?

Festes Einkommen
Sicherer Arbeitsplatz
Freude an der und Stolz auf die Arbeit
Behandlung als „Mensch“
Kollegialität
Gesundheitsschutz
Sinnvolle Tätigkeit, Vielseitigkeit

- ______________________
- ______________________
- ______________________
- ______________________
- ______________________
- ______________________
- ______________________

**Merke**

______________________

______________________

______________________

## UE 7: Sichtweisen von Mädchen und Jungen

### Lerninhalte

- Berufswünsche von Jungen und Mädchen sind meist unterschiedlich
- Gemeinsame Erwartungen von Jungen und Mädchen an den Beruf
- Wunsch und Wirklichkeit klaffen oft weit auseinander

### Arbeitsmittel

- Schülerbuch, Seite 28
- AB 9
- „BERUF AKTUELL“
- Internetrecherche

**CD**
- AB_09, AB_09L
- TB_UE_07

### Unterrichtsverlauf

**Einstiegsmöglichkeiten**
- Text lesen: Schülerbuch, Seite 28
- Tagesablauf einer berufstätigen Mutter
- Berufliche Vorstellungen in der Klasse abfragen
- „Als Mädchen ist der Beruf für dich zweitrangig, du heiratest ja sowieso, such dir einen Job zum Geldverdienen.“

**Zielstellung**
Was erwarten Jungen und Mädchen von ihrer beruflichen Zukunft?

**Erarbeitung**
- In den im Tafelbild dargelegten Schritten können in arbeitsteiligen oder arbeitsgleichen Gruppen, bzw. in Partnerarbeit die einzelnen Kriterien erarbeitet werden.
- Die Erarbeitung kann auch anhand eines Fallbeispieles gemäß oben angegebenen Einstiegsmöglichkeiten erfolgen.
- Gemeinsame berufliche Erwartungen im Brainstorming sammeln, ordnen und besprechen
- Gruppenarbeit zu Punkt 2, unterschiedliche Sichtweisen von Mädchen und Jungen erarbeiten und übersichtlich gegenüberstellen
- Punkt 3: Unterschiedliche Berufswünsche, Grafik aus dem Schülerbuch beschreiben, diskutieren und bewerten
- An Beispielen bewusst machen, dass immer noch keine Chancengleichheit in manchen Berufen für Frauen gegeben ist

**Vertiefung**
- Wandzeitungen zum Thema erstellen
- Arbeitsaufgabe 3 aus dem Schülerbuch, Seite 28
- Expertengespräch mit Gleichstellungsbeauftragter/em eines Betriebes führen

### Tafelbild

**Was erwarten Mädchen und Jungen von ihrer beruflichen Zukunft?**

**1. Gemeinsame Erwartungen?**
- Gute Verdienstmöglichkeiten
- Finanzielle Unabhängigkeit
- Sicherer Arbeitsplatz
- Aufstiegsmöglichkeiten
- Vereinbarkeit von beruflicher Karriere und Familie
- Flexible Arbeitszeitmodelle

**2. Unterschiedliche berufliche Sichtweisen**

**Mädchen:**
- Familie und Beruf vereinbaren können
- Teilzeitarbeitsmöglichkeiten, Heimarbeitsplatz
- Eigene Wünsche verwirklichen

**Jungen:**
- Hohes Einkommen
- Familie versorgen
- Berufliche Karriere

**3. Unterschiedliche Berufswünsche**
- Typische Frauen- und Männerberufe, Beispiele: Top-10 der Ausbildungsberufe
- Chancengleichheit für Frauen in den Berufen oft nicht gegeben
- Männer in Frauenberufen selten, z.B. Erzieher oder Kinderpfleger im Kindergarten

**Merke:**
Arbeit und Beruf sind für Jungen und Mädchen gleich wichtig. Deutliche Unterschiede gibt es bei den Sichtweisen. Die Vereinbarkeit von Beruf und Familie ist bei Frauen nicht immer gegeben.

Name: ______________________ Klasse: ________ Blatt: ________

## Sichtweisen von Jungen und Mädchen

Viele Jugendliche haben an ihren Wunschberuf bestimmte Erwartungen. Jungen und Mädchen haben gemeinsame und unterschiedliche Sichtweisen von ihrer beruflichen Arbeit und Zukunft.

**1** Ergänze deine eigenen Vorstellungen.

### 1. Gemeinsame Erwartungen

Gute Verdienstmöglichkeiten
Finanzielle Unabhängigkeit
Sicherer Arbeitsplatz
Aufstiegsmöglichkeiten
Vereinbarkeit von beruflicher Karriere und Familie

- Flexible Arbeitszeitmodelle ____________
- ____________________
- ____________________
- ____________________

### 2. Unterschiedliche berufliche Sichtweisen

**Mädchen:**

Familie und Beruf vereinbaren
Teilzeitarbeitsmöglichkeiten,
Heimarbeitsplatz, Telearbeit …
Eigene Wünsche verwirklichen

- ____________________
- ____________________
- ____________________

**Jungen:**

Hohes Einkommen
Familie versorgen
Berufliche Karriere

- ____________________
- ____________________
- ____________________

**2** Es gibt noch immer deutliche Unterschiede im Berufsleben.

- ____________________
- ____________________
- ____________________

**Merke** ____________________

____________________

____________________

____________________

## UE 8: Geld verdienen – nicht um jeden Preis? M

### Lerninhalte

- Erkennen und begreifen, dass der Verdienst nicht das alleinige Ziel für einen Beruf sein darf
- Erkennen, dass für die Berufswahl Eignung und Voraussetzungen an erster Stelle stehen sollten
- Erkennen, dass der Traumberuf aus verschiedenen Gründen nicht immer erreicht werden kann

### Arbeitsmittel

- Schülerbuch, Seite 29
- AB 10
- „BERUF AKTUELL"
- Internetrecherche

CD
- AB_10, AB_10L
- TB_UE_08

### Unterrichtsverlauf

**Einstiegsmöglichkeiten**
- Text: Schülerbuch, Seite 29
- Fallbeispiele von Schulabgängern
- Berichterstattung eines Berufsanfängers zu seinem Traumberuf

**Zielstellung**
- Geld verdienen – nicht um jeden Preis?
- Geld ist nicht alles?
- Berufswunsch – Hauptsache, das Geld stimmt

**Erarbeitung**
- In den im Tafelbild dargelegten Schritten können in arbeitsteiligen oder arbeitsgleichen Gruppen, bzw. in Partnerarbeit die einzelnen Kriterien erarbeitet werden.
- Die Erarbeitung kann auch anhand von Fallbeispielen gemäß den oben genannten Einstiegsmöglichkeiten erfolgen.
- Interpretieren der Grafik Traumberufe im Schülerbuch, Seite 29, Arbeitsaufgabe 2 aus dem Schülerbuch, Seite 29
- Arbeitsaufgabe 3 Schülerbuch, Seite 29, Auswertung in Gruppenarbeit, Übersicht erstellen nach Jungen und Mädchen
- An Beispielen erarbeiten, von welchen Kriterien ein hoher Verdienst abhängig ist und welche Faktoren daraus Beruf und Leben beeinflussen können, z. B. am Beruf Koch/Köchin, Bankkaufmann/-frau oder andere
- Erkennen, dass hohe Verdienstansprüche auch hohe Anforderungen und Entbehrungen mit sich bringen können

**Vertiefung**
- Wandzeitungen zum Thema erstellen
- Expertengespräch mit einem „Vielverdiener"

### Tafelbild

**Geld verdienen –**
**nicht um jeden Preis?**

**1. Von welchen Faktoren ist oft ein hoher Verdienst abhängig?**
- Qualifikation
- Geschlecht
- Alter
- Position
- Betrieb
- Branche
- Arbeitszeit
- Art der Arbeit

**2. Welche Belastungen kann ein hoher Verdienst mit sich bringen?**
- Hohe Arbeitszeiten
- Permanente Weiterbildung
- Hohe psychische Belastungen
- Wenig Freizeit
- Dauernde Verfügbarkeit
- Große Abhängigkeiten

**Merke:**
Für die Wahl eines Berufes und die berufliche Zukunft darf das „Geldverdienen" nicht allein ausschlaggebend sein. Ein zufriedenes Leben und eine gesicherte Lebensplanung sind nicht nur mit Geld zu erreichen.

Name: ______________________ Klasse: ________ Blatt: ________

# Geld verdienen – nicht um jeden Preis?

Die Erwerbsarbeit soll die materielle und finanzielle Grundlage für das Leben sichern. Ein guter Verdienst garantiert hohen Lebensstandard, ist aber oft mit vielen Entbehrungen verbunden. Der Mensch „bleibt auf der Strecke“, wenn er Beruf und Arbeit nur unter dem Gesichtspunkt eines möglichst hohen Verdienstes sieht.

Ergänze bei 1. und 2. weitere Kriterien und begründe sie anhand von Beispielen.

**1. Von welchen Faktoren ist ein hoher Verdienst oft abhängig?**

Qualifikation
Geschlecht
Alter
Position
Betrieb
Branche
Arbeitszeit

- Art der Arbeit ______________________
- ______________________
- ______________________
- ______________________
- ______________________
- ______________________
- ______________________

**2. Welche Belastungen kann ein hoher Verdienst mit sich bringen?**

Hohe Arbeitszeiten
Permanente Weiterbildung
Hohe psychische Belastungen
Wenig Freizeit
Dauernde Verfügbarkeit
Große Abhängigkeiten

- ______________________
- ______________________
- ______________________
- ______________________
- ______________________
- ______________________

**Merke**

______________________

______________________

______________________

______________________

______________________

______________________

# UE 9: Meine Berufs- und Lebensplanung BO

## Lerninhalte

- Wichtige Schritte und Stationen einer sinnvollen Lebens- und Berufsplanung kennen
- Erkennen, dass Lebens- und Berufsplanung zusammengehören
- Eine eigene Lebens- und Berufsplanung erstellen können

## Arbeitsmittel

- Schülerbuch, Seite 30
- AB 11
- „BERUF AKTUELL"

### CD
- AB_11, AB_11L
- TB_UE_09

## Unterrichtsverlauf

### Einstiegsmöglichkeiten
- Text: Schülerbuch, Seite 30
- Fallbeispiele zum Unterrichtsthema
- Eigene Vorstellungen der Schüler

### Zielstellung
- Stationen einer Lebens- und Berufsplanung?
- Wie soll mein zukünftiges Leben aussehen?

### Erarbeitung
- In den im Tafelbild dargelegten Schritten können in arbeitsteiligen oder arbeitsgleichen Gruppen, bzw. in Partnerarbeit die einzelnen Kriterien erarbeitet werden.
- Die Erarbeitung kann auch anhand eines Fallbeispieles gemäß den oben genannten Einstiegsmöglichkeiten erfolgen.
- Bewusstsein für eine sinnvolle Lebens- und Berufsplanung in Gruppen- oder Partnerarbeit anhand von Beispielen entwickeln
- Notwendigkeit einer zielgerichteten Berufs- und Lebensplanung bewusst machen
- Erkenntnis, dass eine gelungene Lebens- und Berufsplanung dem Leben Sinn, Sicherheit und persönliche Befriedigung geben kann.
- Arbeitsaufgabe 1 Schülerbuch, Seite 30

### Vertiefung
- Wandzeitungen zum Thema erstellen
- Arbeitsaufgabe 2 aus dem Schülerbuch, Seite 30

## Tafelbild

**Stationen einer Lebens- und Berufsplanung**

**1. Schulausbildung**
- Wahl eines berufsorientierenden Zweiges Wirtschaft, Technik, Soziales nach Jahrgangsstufe 7
- Hauptschulabschluss bzw. Qualifizierender Hauptschulabschluss
- Mittelschulabschluss nach der M 10

**2. Berufsausbildung**
- Erlernen eines Ausbildungsberufes
- Besuch einer Fachschule

**3. Berufliche Tätigkeit**
- Facharbeiter
- Zusatzausbildung
- Aufstiegsmöglichkeiten zum Meister
- Weg in die Selbstständigkeit
- Weiterführende Schulen, Fachakademien, Studium

**4. Familienplanung**
- Gründung einer Familie
- Kinder
- Hausbau

**5. Sonstiges**
- Freizeitgestaltung
- Politische Betätigung
- Soziales Engagement

**Merke:**
Arbeit und Beruf beeinflussen das eigene Leben. Eine vorausschauende Lebens- und Berufsplanung erfordert Anstrengung, gibt dem Leben aber auch Sinn, Sicherheit, Ansehen und persönliche Befriedigung.

Name: ________________ Klasse: ________ Blatt: ________

# Stationen einer Lebens- und Berufsplanung

Mit Beginn der Jahrgangsstufe 7 steigst du in eine gezielte Berufsorientierung ein, nach der du am Ende der 9. bzw. 10 Jahrgangsstufe deine Berufswahlentscheidung triffst, die aber auch eine vorläufige Lebensplanung mit einbeziehen sollte.

Skizziere deinen möglichen Lebensplan.

## 1. Schulausbildung

- ______________________________
  ______________________________
- ______________________________
  ______________________________
- ______________________________

## 2. Berufsausbildung

- ______________________________
- ______________________________

## 3. Berufliche Tätigkeit

- ______________________________
- ______________________________
- ______________________________
- ______________________________
- ______________________________

## 4. Familienplanung

- ______________________________
- ______________________________
- ______________________________

## 5. Sonstiges

- ______________________________
- ______________________________

**Merke** ______________________________

______________________________

______________________________

## UE 10: „Tour der Berufswahl“ und Berufswahlpass BO

### Vorüberlegungen

Mit Beginn der Jahrgangsstufe 7 steigen die Schülerinnen und Schüler in die Phase der Berufsorientierung verstärkt ein. Sie beginnt mit dem Unterricht in den berufsorientierenden Zweigen Wirtschaft, Technik und Soziales im großen Lernfeld Arbeit - Wirtschaft - Technik und bildet einen Schwerpunkt der Berufsfindung bis zur 9. bzw. 10 Jahrgangsstufe.
Mit dem Berufswahlpass hat der Schüler die Möglichkeit, alle zu seiner Berufsfindung schulisch und außerschulisch erlebten Aktivitäten wie Erkundungen, Praxistage, Betriebspraktika, Berufsbilder, arbeits- und berufsorientierende Maßnahmen usw. zu dokumentieren und in einem Ordner übersichtlich zu sammeln. Der Berufswahlpass begleitet ihn bis zur 9. bzw. 10. Jahrgangsstufe, gibt ihm einen Rückblick auf seine erbrachten Leistungen und soll ihm helfen, eine bewusste Entscheidung für einen Beruf zu treffen.

### Arbeitsmittel

- Schülerbuch, Seite 31 und 32
- AB 12

**CD**
- AB_12, AB_12L

**Didaktisch/methodisches Konzept**
In erster Linie kann der Berufswahlpass begleitend zum Unterricht eingesetzt werden. Für Lehrer und Schüler sollte sich der Aufwand in Grenzen halten. Deshalb ist der Berufswahlpass in einzelne Etappen unterteilt, die sich wiederum auf die einzelnen Jahrgangsstufen konzentrieren. Arbeitsblätter von Unterrichtseinheiten, die sich auf die Berufsorientierung beziehen, werden entsprechend der Jahrgangsstufe in die einzelnen Register eingeordnet. Der Schüler erhält so über die einzelnen Jahrgangsstufen hinweg eine solide Orientierung für seine zukünftige Berufswahl. Selbstverständlich können auch erworbene Praktika-Bescheinigungen, Zertifikate, Nachweise (Erste Hilfe), Bewerbungsunterlagen, Lehrstellenangebote usw. eingeordnet werden.
Die im Schülerbuch angebotene Unterteilung ist ein Vorschlag, der je nach Schule, Schwerpunkt oder eigenen Entwürfen von der Lehrkraft verändert werden kann.

### Vorgehensweise

**7. Jahrgangsstufe: 1. Etappe (Orientierung)**
Meine ersten Schritte in die Berufs- und Arbeitswelt.
- Zugangserkundung
- Vertiefte Berufsorientierung (Praktikum)
- Wahl des berufsorientierenden Zweiges

**7./8. Jahrgangstufe:**
**2. Etappe (Qualifizierung)**
Wer bin ich und was kann ich?
- Meine Fähigkeiten, Fertigkeiten und Interessen
- Stärken und Schwächen
- Hobbys und Talente

**3. Etappe (Information)**
Ich informiere mich über meine beruflichen Vorstellungen und Träume:
- bei Betriebserkundungen,
- in Gesprächen mit Eltern, Bekannten und Freunden,
- in Betriebspraktika,
- beim Berufsberater.

**8./9. Jahrgangsstufe: 4. Etappe (Vergleich)**
Ich vergleiche meine persönlichen Stärken und Schwächen mit den Anforderungen der Berufe.
- Auswahl des Wunsch- bzw. Alternativberufes
- Betriebspraktikum zur Überprüfung
- Gespräche mit Lehrer und Berufsberater

**In der Abschlussklasse 9./10. Jahrgangsstufe**
Ich entscheide mich für einen Ausbildungsberuf und bewerbe mich.
- Entscheidung für einen Beruf
- Auswählen der Ausbildungsplätze
- Bewerbungen schreiben und vorstellen
- Ausbildungsvertrag unterschreiben

Auch bei dieser Gliederung handelt es sich nur um eine grobe Übersicht. Die Zuordnung der einzelnen Jahrgangsstufen kann individuell und somit auch variabel gestaltet werden.

Name: ____________ Klasse: ______ Blatt: ______

## Berufswahl und Berufswahlpass

Die Entscheidung für einen Beruf ist das Ergebnis einer langen Berufsorientierungsphase, die mit der 7. Jahrgangsstufe beginnt und in einzelnen Etappen schrittweise zur Berufswahlreife führt. Sie befähigt dich, einen Beruf zu erlernen, der deinen Fähigkeiten und Anlagen entspricht. Der Berufswahlpass ist das Organisationsmittel für die Dokumentation deiner Berufswahl, in dem du alle persönlichen Erfahrungen, Praktika, Bescheinigungen, Erkundungen, Lehrstellenadressen, Berufsberatung, Bewerbungen, Einstellungstests usw. sammelst.

| Jgst. | Etappe | Inhalte und Tätigkeiten |
|---|---|---|
| 7 | 1. Etappe<br>Orientierung | **Meine ersten Schritte in die Berufs und Arbeitswelt:**<br>• ____<br>• ____<br>• ____ |
| 7/8 | 2. Etappe<br>Qualifizierung | **Wer bin ich und was kann ich?**<br>• ____<br>• ____<br>• ____ |
| 8 | 3. Etappe<br>Information | **Ich informiere mich über meine beruflichen Vorstellungen.**<br>• ____<br>• ____<br>• ____<br>• ____ |
| 8/9 | 4. Etappe<br>Vergleich | **Ich vergleiche meine persönlichen Stärken und Schwächen mit den Anforderungen der Berufe.**<br>• ____<br>• ____<br>• ____<br>____ |
| 9/10 | 5. Etappe<br>Entscheidung | **Ich entscheide mich für einen Ausbildungsberuf und bewerbe mich.**<br>• ____<br>• ____<br>• ____<br>• ____ |

## UE 11: Berufsorientierende Zweige BO

### Lerninhalte

- Berufsorientierende Zweige des großen Lernfeldes Arbeit – Wirtschaft – Technik kennenlernen
- Wesentliche Inhalte der berufsorientierenden Zweige kennen
- Entscheidung für einen oder zwei berufsorientierende Zweige am Ende der Jahrgangsstufe 7 für die Jahrgangsstufe 8

### Arbeitsmittel

- Schülerbuch, Seite 33–36
- AB 13

**CD**
- AB_13, AB_13L
- TB_UE_11
- Fotos: SB34_01 bis SB36_3

### Unterrichtsverlauf

**Einstiegsmöglichkeiten**
- Fotos: Ausbildungsberufe, Schülerbuch, Seite 34–36
- Text: Schülerbuch, Seite 33–36
- Berufsbilder zu den berufsorientierenden Zweigen

**Zielstellung**
Berufsorientierender Zweig in der Haupt- bzw. Mittelschule

**Erarbeitung**
- In den im Tafelbild dargelegten Schritten können in arbeitsteiligen oder arbeitsgleichen Gruppen, bzw. in Partnerarbeit unter Zuhilfenahme des Schülerbuches die einzelnen Kriterien erarbeitet werden.
- Schwerpunkt für die Schüler ist das „Testen" der eigenen Fähigkeiten in allen Zweigen. Vorgefertigte Berufsziele können somit relativiert werden.
- Erkennen, dass bei allen drei Zweigen bestimmte Voraussetzungen schulischer und auch körperlicher Art vorhanden sein müssen, wenn man Berufe in diesen Zweigen ergreifen will.
- Arbeitsaufgabe 2 Schülerbuch, Seite 33
- Erkennen, dass aber auch allgemeine Werte und Haltungen wie Ausdauer, Fleiß, Pünktlichkeit, Sorgfalt usw. in allen drei Zweigen gefordert sind.
- Am Ende der Jahrgangsstufe 7 muss mindestens ein Zweig abgewählt werden. Fachlehrkräfte und Klassenlehrkraft sollten dabei helfen, die richtige Wahl zu treffen.

**Vertiefung**
- Wandzeitung zum Thema erstellen
- Arbeitsaufgaben Schülerbuch, Seite 34–36 Schüler begründen die Wahl der Zweige für die Jahrgangsstufe 8.

### Tafelbild

**Berufsorientierende Zweige**

Folgende berufsorientierende Zweige in der Haupt- bzw. Mittelschule werden ab der 7. Jahrgangsstufe unterrichtet:

1. **Wirtschaft**
   Kaufmännische und bürotechnische Inhalte z. B. Bürotechnik, Textverarbeitung, Korrespondenz, Rechnungswesen
2. **Technik**
   Technische Inhalte z. B. technisches Zeichnen, Materialkunde, Werken, Umgang mit Maschinen
3. **Soziales**
   Soziale Inhalte z. B. Ernährung, Gesundheit, Zusammenleben, Umgang mit Menschen

**Merke:**
Jeder berufsorientierende Zweig stellt umfangreiche und unterschiedliche Anforderungen an dich. In der Jahrgangsstufe 7 kannst du in allen drei Zweigen deine Fähigkeiten und Interessen überprüfen, bevor du dich für maximal zwei Bereiche entscheidest.

Name: ______________________ Klasse: ________ Blatt: __________

# Berufsorientierende Zweige

In der 7. Jahrgangsstufe kommen zum AWT-Unterricht die berufsorientierenden Zweige Technik, Wirtschaft und Soziales dazu. In diesen drei Praxisfächern erhältst du die Möglichkeit, Begabungen, Neigungen, körperliche und geistige Fähigkeiten usw. näher kennenzulernen. Sie unterstützen dich bei deiner Berufsorientierung. Am Ende der 7. Jahrgangsstufe kannst du dich entscheiden, in welchem Zweig du für die 8. Jahrgangsstufe deinen Schwerpunkt siehst. Du kannst evtl. auch einen zweiten Zweig hinzunehmen. Am Ende der 8. Jahrgangsstufe entscheidest du dich für einen Zweig.

## 1. Berufsorientierender Zweig Wirtschaft

**Inhalte:** Kaufmännische und bürotechnische Arbeitsbereiche, z. B. Textverarbeitung, Korrespondenz, Rechnungswesen, Bürotechnik, Büroorganisation

**Anforderungen des Faches und möglicher Ausbildungsberufe:**

- ______________________
- ______________________
- ______________________
- ______________________

## 2. Berufsorientierender Zweig Technik

**Inhalte:** Technische Arbeitsbereiche, z. B. Technisches Zeichnen, Materialkunde, Umgang mit Maschinen, Werken

**Anforderungen des Faches und möglicher Ausbildungsberufe:**

- ______________________
- ______________________
- ______________________
- ______________________
- ______________________

## 3. Berufsorientierender Zweig Soziales

**Inhalte:** Soziale Arbeitsbereiche, z. B. Ernährung, Gesundheit, Zusammenleben, Umgang mit Menschen, Pflege

**Anforderungen des Faches und möglicher Ausbildungsberufe:**

- ______________________
- ______________________
- ______________________
- ______________________
- ______________________

**Merke**

______________________

______________________

# UE 12: Vielfältige Ausgaben im Haushalt

## Lerninhalte

- Erkennen, dass ein Haushalt Geld kostet
- Erkennen, dass die Ausgaben im Haushalt von der Größe der Haushaltsmitglieder abhängt
- Erkennen, dass die Haushaltsmitglieder verschiedene Bedürfnisse und Wünsche haben
- Erkennen, dass die Wünsche und Bedürfnisse vom verfügbaren Haushaltseinkommen abhängen
- Benennen von Haushaltsausgaben

### Arbeitsmittel

- Schülerbuch, Seite 42
- AB 14

### CD

- AB_14, AB_14L
- TB_UE_12

## Unterrichtsverlauf

### Einstiegsmöglichkeiten

- Text: Schülerbuch, Seite 42
- Fallbeispiel Singlehaushalt oder Familienhaushalt
- „Wenn ich 18 bin, ziehe ich von Zuhause aus!“

### Zielstellung

Welche Ausgaben fallen in einem Haushalt an?

### Erarbeitung

- In den im Tafelbild dargelegten Schritten können in arbeitsteiligen oder arbeitsgleichen Gruppen, bzw. in Partnerarbeit die einzelnen Kriterien erarbeitet werden.
- Die Erarbeitung kann auch anhand eines Fallbeispieles gemäß den oben genannten Einstiegsmöglichkeiten erfolgen.
- Gemäß Arbeitsauftrag 1 Seite 42 aus dem Schülerbuch können die einzelnen Ausgaben detaillierter in Form von Mind Maps in Gruppenarbeit dargestellt werden
- Die Tatsache, dass ein Haushalt Geld kostet, kann durch ein Rollenspiel „Eltern und Kinder diskutieren über deren Wünsche“ vertieft werden.
- Am Beispiel des Rollenspiels bewusst werden, dass innerhalb der Familienmitglieder aufgrund des verfügbaren Haushaltseinkommens Zielkonflikte entstehen können.

### Vertiefung

- Wandzeitungen zum Thema erstellen
- Arbeitsaufgabe 2 aus dem Schülerbuch, Seite 42

## Tafelbild

**Im Haushalt der Familie Meier fallen vielfältige Ausgaben an**

1. **Ausgaben sind abhängig**
   - von der Anzahl der Haushaltsmitglieder.
   - von den Bedürfnissen und Wünschen der Haushaltsmitglieder.
   - vom Alter der Haushaltsmitglieder.
2. **Ausgaben fallen an für**
   - Essen,
   - Schule,
   - Urlaub,
   - Taschengeld,
   - Heizung,
   - Freizeitgestaltung,
   - Miete,
   - Altersvorsorge und Versicherungen usw.
3. **Haushaltsmitglieder haben unterschiedliche Bedürfnisse**
   - Schulbildung
   - Freizeitgestaltung
   - Persönliche Interessen
   - ...

**Merke:**
Das Leben in einem Haushalt kostet Geld. Die Bedürfnisse der Haushaltsmitglieder müssen mit dem verfügbaren Einkommen abgestimmt und geplant werden.

Name: ______________________ Klasse: ________ Blatt: ________

## Vielfältige Ausgaben im Haushalt

Ergänze die folgenden Aussagen.

**1. Ausgaben sind abhängig von:**

- ______________________
- ______________________
  ______________________
- ______________________
- ______________________
- ______________________

**2. Ausgaben fallen an für:**

- ______________________
- ______________________
- ______________________
- ______________________
- ______________________
- ______________________
- ______________________
- ______________________
- ______________________

**3. Haushaltsmitglieder haben unterschiedliche Bedürfnisse:**

- Schulbildung: ______________________
- Freizeitgestaltung: ______________________
- Persönliche Interessen: ______________________
- ______________________

**Merke**

______________________
______________________
______________________
______________________

# UE 13: Lebenshaltungskosten

## Lerninhalte

- Wissen, dass Lebenshaltungskosten alle Kosten umfassen, um ein durchschnittliches Leben führen zu können
- Erkennen, dass Wohnung, Kleidung und Nahrung zu den Grundbedürfnissen der Lebenshaltung zählen
- Erkennen, dass Lebenshaltungskosten von den Bedürfnissen der Haushaltsmitglieder beeinflusst werden
- Wissen, dass die Lebenshaltungskosten in feste und veränderliche Ausgaben eingeteilt werden können
- Feste und veränderliche Lebenshaltungskosten anhand von Beispielen erklären können

## Arbeitsmittel

- Schülerbuch, Seite 43
- AB 15
- Fallbeispiel

### CD
- AB_15, AB_15L
- TB_UE_13

## Unterrichtsverlauf

### Einstiegsmöglichkeiten
- Text Schülerbuch, Seite 43
- Grafik über Preiserhöhungen
- Wöchentliche Werbung verschiedener Discounter zu Lebensmitteln und Artikeln zum Lebensbedarf
- Grafik über gestiegene Lebenshaltungskosten

### Zielstellung
- Das Leben wird immer teurer
- Uns bleibt kaum noch Geld übrig

### Erarbeitung
- Die Erarbeitung kann anhand eines Fallbeispieles gemäß den oben genannten Einstiegsmöglichkeiten bzw. Zielstellungen erfolgen.
- In den im Tafelbild dargelegten Schritten können in arbeitsteiligen oder arbeitsgleichen Gruppen, bzw. in Partnerarbeit die einzelnen Punkte erarbeitet werden.
- Als Methode bieten sich Mind Maps an, die miteinander verglichen werden können. Daraus kann eine gemeinsame Mind Map als Grundlage für eine Wandzeitung zum Themenbereich Haushaltsausgaben erarbeitet werden.
- Bewusstes Deutlichmachen der Problematik der gestiegenen festen und veränderlichen Ausgaben, die in vielen Haushalten die individuellen Bedürfnisse und Wünsche einschränken
- Erkennen, dass diese Situation eine gezielte Haushaltsplanung erfordert

### Vertiefung
- Darstellen der Problematik über eine Wandzeitung
- Gefahren, die durch die verstärkte Werbung für Haushalte entstehen können

## Tafelbild

**Lebenshaltungskosten**

**1. Feste Ausgaben**
- Miete
- Wasser
- Strom
- Heizung
- Sparvertrag
- Versicherungen
- …

**2. Veränderliche Ausgaben**
- Kleidung
- Nahrung
- Gesundheitskosten
- Freizeit
- Urlaub
- Schulbildung
- …

**3. Individuelle Wünsche**

Z. B. neues Auto, Handy, Flachbildschirm, Möbel usw.

**Merke:**
Lebenshaltungskosten sind alle festen und veränderlichen Ausgaben in einem Haushalt, die ein durchschnittliches Leben ermöglichen sollen.

Name: ______________________ Klasse: ________ Blatt: ________

# Lebenshaltungskosten

Trotz eines durchschnittlichen Verdienstes können sich viele Menschen immer weniger leisten. Jeder leidet unter den gestiegenen Lebenshaltungskosten. In vielen Haushalten mit Kindern muss genau gerechnet werden, wieviel ausgegeben werden kann. Der „Rotstift“ setzt besonders bei den individuellen Wünschen an.

Lebenshaltungskosten lassen sich in feste und veränderliche Kosten einteilen. Ergänze die Übersicht.

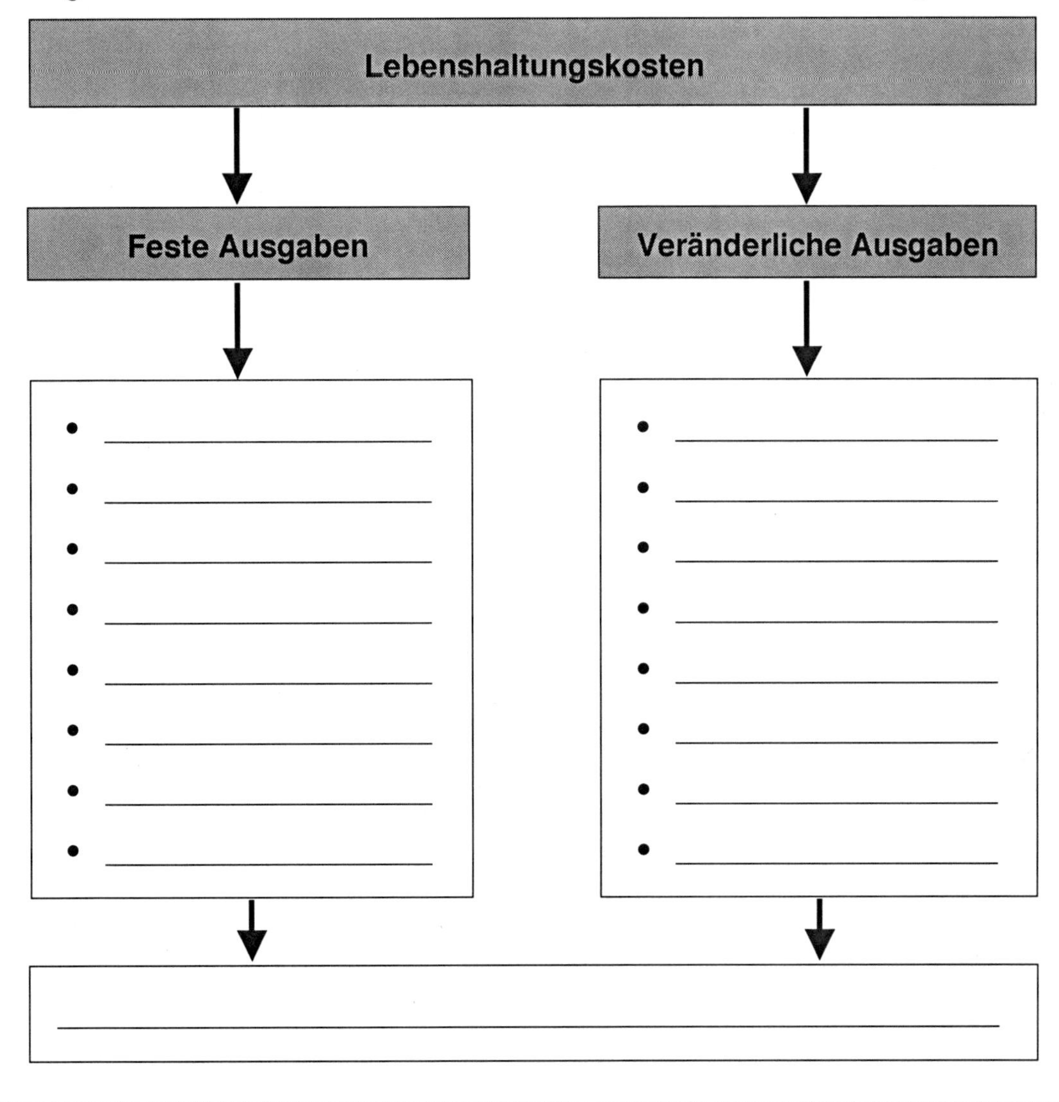


**Merke**

# UE 14: Haushaltsausgaben sind unterschiedlich

## Lerninhalte

- Wissen, dass Haushaltsausgaben von vielen Faktoren abhängig sind
- An Beispielen erklären können, warum und wie sich die einzelnen Faktoren auf das Haushaltseinkommen und die Haushaltsausgaben auswirken
- An Beispielen aufzeigen, dass sich bestimmte Ausgabeposten im privaten Haushalt in Zukunft noch erhöhen werden
- Erkennen, dass die Gründung eines Haushalts sorgfältig geplant werden muss
- Grafiken und Schaubilder auswerten können

## Arbeitsmittel

- Schülerbuch, Seite 44 und 45
- AB 16
- Fallbeispiele
- Schaubild im Schülerbuch, Seite 44, Grafiken Seite 45

### CD
- AB_16, AB_16L
- TB_UE_14

## Unterrichtsverlauf

### Einstiegsmöglichkeiten
- Mietvergleichstabelle Stadt – Land
- Fallbeispiele (Arbeitsplatz am Ort – Arbeitsplatz weiter entfernt; Einkaufsmöglichkeiten in der Stadt – auf dem Land, usw.)
- Kinderbetreuungsmöglichkeiten in der Stadt oder auf dem Land

### Zielstellung
Haushaltsausgaben hängen von verschiedenen Faktoren ab

### Erarbeitung
- Die Hinführung kann anhand eines Fallbeispieles gemäß den oben genannten Einstiegsmöglichkeiten erfolgen.
- In den im Tafelbild dargelegten Schritten können in arbeitsteiligen oder arbeitsgleichen Gruppen, bzw. in Partnerarbeit die einzelnen Punkte erarbeitet werden.
- Als Methode bieten sich Mind Maps an, die miteinander verglichen werden können.
- Bewusstes Deutlichmachen der Problematik der Haushaltsausgaben, die von der individuellen Lage, den Bedürfnissen und Wünsche abhängen
- Erkennen, dass die Haushaltsausgaben aufgrund der Faktoren eine gezielte Haushaltsplanung erfordern
- Die Grafiken „Der Konsum-Check" und „Konsumpalette – heute und morgen" von Seite 45 auswerten und Erkenntnisse ableiten

### Vertiefung
- Darstellen der Problematik über eine Wandzeitung
- Fallbeispiel: Herrn Hubers Betrieb hat Kurzarbeit angemeldet. Er verdient rund ein Drittel weniger.

## Tafelbild

**Haushaltsausgaben sind unterschiedlich und abhängig ...**

1. **... vom Wohnort (Stadt, Land):**
   - Miete (Wohnungsgröße, Altbau, Neubau ...)
   - Verkehrsanbindung (Zug, Autobahn, Öffentlicher Nahverkehr, ...)
   - Bildungseinrichtungen (Kindergarten, Schule, Universität ...)
   - Arbeitsplatzangebot
   - Kultur- und Sporteinrichtungen
   - Umwelteinflüsse
   - Einkaufsangebot am Ort
2. **... von den Einkommensverhältnissen:**
   - Doppelverdiener
   - Sozialhilfe, Hartz IV
   - Arbeitslosigkeit
   - Privates Vermögen, vorhandene Rücklagen
   - Aufgenommene Kredite
3. **... von den eigenen Bedürfnissen und Wünschen:**
   - Familienplanung und Lebensplanung
   - Familiengröße (Anzahl und Alter der Kinder, Ausbildung, Schulbildung ...)
   - Lebensstandard
   - Kulturelle Bedürfnisse

Name: ______________________ Klasse: ________ Blatt: ________

## Haushaltsausgaben sind unterschiedlich

Wie viel Geld in einem Haushalt ausgegeben werden kann, hängt nicht nur vom Einkommen ab, sondern auch von zahlreichen anderen Faktoren, die bei der Haushaltsführung eine wesentliche Rolle spielen können.

Ergänze in der Übersicht die zugehörigen Faktoren.

**Haushaltsausgaben sind abhängig ...**
**... vom Wohnort (Stadt, Land):**

- ______________________
- ______________________
- ______________________
- ______________________
- ______________________
- ______________________
- ______________________

**... von den Einkommensverhältnissen:**

- ______________________
- ______________________
- ______________________
- ______________________
- ______________________
- ______________________

**... von den eigenen Bedürfnissen und Wünschen:**

- ______________________
- ______________________
- ______________________
- ______________________
- ______________________

**Merke** ______________________

______________________

______________________

______________________

## UE 15: Einkommensquellen privater Haushalte

### Lerninhalte

- Wissen, dass man bei den Einkommensquellen zwischen Einkommensgruppen und Einkommensarten unterscheidet
- An Beispielen die Einkommensgruppen und Einkommensarten erklären können
- Wissen, dass die Haupteinnahmequelle der meisten Haushalte Löhne, Gehälter, Renten und Pensionen sind

### Arbeitsmittel

- Schülerbuch, Seite 46
- AB 17
- Fallbeispiele
- Schaubild im Schülerbuch, Seite 44, Grafiken Seite 45

**CD**
- AB_17, AB_17L
- TB_UE_15

### Unterrichtsverlauf

**Einstiegsmöglichkeiten**
- Beispiel einer Gehaltstabelle
- Aktuelle Beispiele: Verdienst der Landwirte, Streit um das Honorar der Ärzte
- Beamte: „Sicherer Arbeitsplatz und sicheres Einkommen“
- Beispiel: Grundsicherung für Sozialhilfe- bzw. Hartz IV-Empfänger

**Zielstellung**
Einkommensquellen privater Haushalte

**Erarbeitung**
- Die Hinführung kann anhand von Fallbeispielen gemäß den oben genannten Einstiegsmöglichkeiten erfolgen.
- In den im Tafelbild dargelegten Schritten können in arbeitsteiligen oder arbeitsgleichen Gruppen, bzw. in Partnerarbeit die einzelnen Punkte erarbeitet werden.
- Übersicht zu den Einkommensgruppen erstellen und zuordnen und erklären anhand von Berufen
- Übersicht zu den Einkommensarten erstellen und zuordnen und erklären anhand von Beispielen

**Vertiefung**
Kritische Auseinandersetzung mit den aktuellen Problemen der Einkünfte, z. B. bei Sozialhilfe- oder Hartz IV-Empfängern

### Tafelbild

**Einkommensquellen privater Haushalte**

**Einkommensgruppen**

**Einkommen aus selbstständiger Arbeit**
z. B.: Unternehmer, Ärzte, Landwirte ...

**Einkommen aus unselbstständiger Arbeit**
z. B.: Arbeiter, Angestellte, Beamte ...

**Einkommensarten**

**Aus aktiver Arbeit**
z. B.: Lohn, Gehalt, Gage, Honorar, Provision

**Aus gesetzlichen Regelungen**
z. B.: Rente, Pension, Kindergeld, Krankengeld, Arbeitslosengeld ...

**Aus Besitz und Vermögen**
z. B. Mieten, Pacht, Zinsen, ...

**Aus sonstigen Nebeneinnahmen**
z. B.: Nebenverdienst, Zuschläge, Prämien, Zulagen ...

**Merke:**
Arbeiter, Angestellte und Beamte sind Arbeitnehmer, die für andere arbeiten und dafür bezahlt werden. Landwirte und Geschäftsleute sind selbstständig und beziehen ihr Einkommen aus dem erwirtschafteten Gewinn.

Name: ______________________ Klasse: ________ Blatt: ________

# Einkommensquellen privater Haushalte

## Einkommensgruppen

**1** Ordne die entsprechenden Berufe zu.

| **aus selbstständiger Arbeit** | ← **Einkommen** → | **aus unselbstständiger Arbeit** |
| --- | --- | --- |
| ______________________ | | ______________________ |
| ______________________ | | ______________________ |
| ______________________ | | ______________________ |
| ______________________ | | ______________________ |
| ______________________ | | ______________________ |

## Einkommensarten

**2** Ordne die entsprechenden Einkommensarten zu.

**Einkommen**

| **aus aktiver Arbeit** | **aus gesetzlichen Regelungen** |
| --- | --- |
| ______________________ | ______________________ |
| ______________________ | ______________________ |
| ______________________ | ______________________ |
| ______________________ | ______________________ |
| ______________________ | ______________________ |

| **aus Besitz und Vermögen** | **aus sonstigen Nebeneinnahmen** |
| --- | --- |
| ______________________ | ______________________ |
| ______________________ | ______________________ |
| ______________________ | ______________________ |
| ______________________ | ______________________ |
| ______________________ | ______________________ |

**Merke** ______________________________________________

# UE 16: Finanzen planen

## Lerninhalte

- Wissen, dass das vorhandene Einkommen den finanziellen Spielraum bei den Ausgaben bestimmt
- Erkennen, dass feste und veränderliche Ausgaben eine finanzielle Haushaltsplanung erfordern
- Erkennen und an Beispielen erklären, warum veränderliche Ausgaben das frei verfügbare Einkommen einschränken können
- Erkennen, dass eine vorausschauende Finanzplanung einen verantwortungsvollen Konsum voraussetzt

## Arbeitsmittel

- Schülerbuch, Seite 47
- AB 18
- Fallbeispiele
- Grafik „Vorgesorgt" im Schülerbuch, Seite 47

### CD
- AB_18, AB_18L
- TB_UE_16

## Unterrichtsverlauf

### Einstiegsmöglichkeiten
- Grafik Schülerbuch, Seite 47
- Presseartikel über Privatinsolvenzen
- Einführungstext Seite 47

### Zielstellung
- Warum müssen Finanzen sorgfältig geplant werden?
- Verantwortungsvoller Konsum für eine solide Finanzplanung im Haushalt

### Erarbeitung
- Die Hinführung kann anhand der oben angegebenen Einstiegsmöglichkeiten bzw. Zielstellung erfolgen.
- In den im Tafelbild dargelegten Schritten können in arbeitsteiligen oder arbeitsgleichen Gruppen, bzw. in Partnerarbeit die einzelnen Punkte erarbeitet werden. Dazu werden die Begriffe „Nettoeinkommen", „feste und veränderliche Ausgaben" von Seite 43 wiederholt.
- Die Zusammenhänge zwischen den einzelnen Begriffen sollen anhand von Beispielen erörtert und begründet werden.
- Die Notwendigkeit einer Rücklagenbildung oder eines „Notgroschens" anhand eines Fallbeispieles verdeutlichen
- Grafik „Vorgesorgt" auf Seite 47 interpretieren, evtl. neueste Grafik aus dem Internet einholen

### Vertiefung
Verantwortliches Konsumverhalten beschreiben, z. B. anhand von Handykosten, Bekleidung, Freizeitkonsum usw.

## Tafelbild

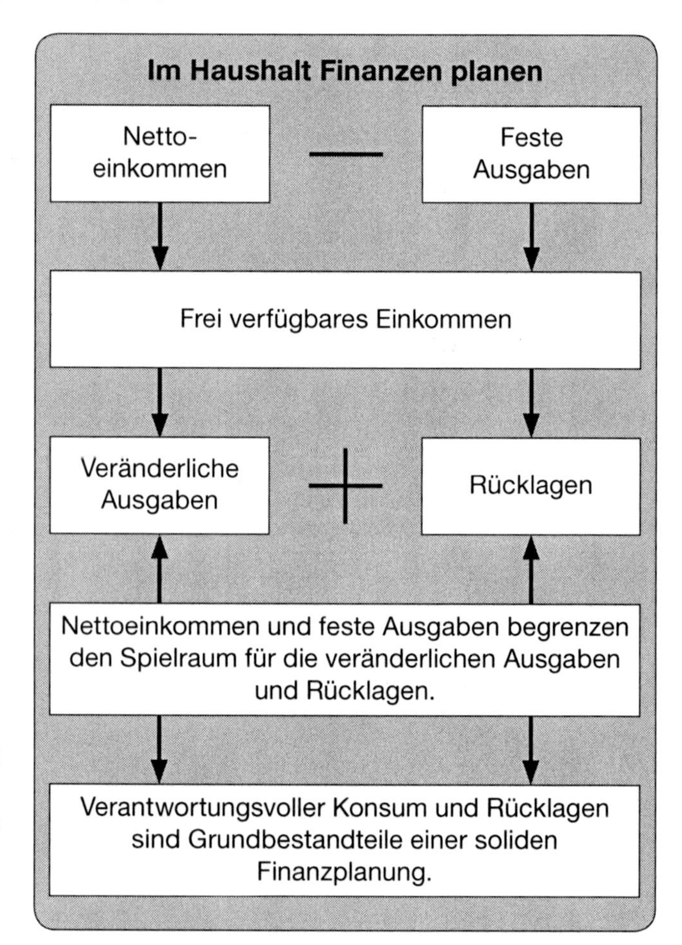

Name: ____________ Klasse: ______ Blatt: ______

# Finanzen planen

In vielen Haushalten sind die finanziellen Mittel begrenzt. Einnahmen und feste Ausgaben bestimmen den finanziellen Spielraum eines Haushaltes. Viele Verbraucher geraten in die Schuldenfalle, weil sie ihr verfügbares Einkommen für Konsumzwecke verwenden, ohne an die Zukunft zu denken.

Ergänze die Übersicht mithilfe des Schülerbuches, Seite 47.

—

**Frei verfügbares Einkommen**

**Veränderliche Ausgaben** + **Rücklagen**

**Merke**

# UE 17: Ökonomisch handeln und wirtschaften

## Lerninhalte

- Erkennen, dass wirtschaftliches (ökonomisches) Handeln eine Voraussetzung für einen gut funktionierenden Haushalt ist
- Erkennen, dass beim wirtschaftlichen Handeln bestimmte Grundregeln beachtet werden müssen
- Wirtschaftlichkeit im Haushalt an einem Beispiel beschreiben können
- Erkennen, dass Wirtschaftlichkeit in Zusammenhang mit Kosten und Ertrag zu sehen ist

## Arbeitsmittel

- Schülerbuch, Seite 48
- AB 19
- Fallbeispiele

**CD**
- AB_19, AB_19L
- TB_UE_17

## Unterrichtsverlauf

**Einstiegsmöglichkeiten**
- Einführungstext Schülerbuch, Seite 48
- Fallbeispiele für den Kauf von kurzfristigen bzw. langfristigen Anschaffungen
- Werbung für besonders billige Produkte

**Zielstellung**
- Warum handelt Frau Meier wirtschaftlich?
- Wirtschaftliches Handeln im Haushalt spart Geld

**Erarbeitung**
- Die Hinführung kann anhand der oben angegebenen Einstiegsmöglichkeiten bzw. Zielstellung erfolgen.
- In den im Tafelbild dargelegten Schritten können in arbeitsteiligen oder arbeitsgleichen Gruppen, bzw. in Partnerarbeit die einzelnen Punkte erarbeitet werden.
- Die Zusammenhänge zwischen den einzelnen Begriffen sollen anhand von Beispielen erörtert und begründet werden.
- Zusammenhang Ausgaben und Ersparnis in Bezug auf gutes bzw. schlechtes Wirtschaften im Haushalt anhand von Beispielen deutlich machen, z. B. dass die augenblickliche vermeintliche Ersparnis die Ausgaben später aber übertreffen kann

**Vertiefung**
- Arbeitsaufgabe 2 aus dem Schülerbuch, Seite 48
- Eigene Erfahrungen zum wirtschaftlichen Handeln einbringen und analysieren, eventuelle Fehlersuche

## Tafelbild

**Ökonomisch handeln und wirtschaften**

1. **Ziel für wirtschaftliches Handeln bedeutet, durch**
   - geringe Sachkosten (Material),
   - geringen Zeitaufwand (Zeit, Weg) und
   - geringen Energieaufwand (Kraft, Energie)

   **einen möglichst hohen Nutzen zu erzielen.**
2. **Wirtschaftlichkeit**
   - stellt Ausgaben und Ersparnis gegenüber,
   - berücksichtigt bei den Ausgaben z. B. Anschaffungs-, Unterhalts- und Betriebskosten,
   - berücksichtigt bei der Ersparnis Weg, Zeit (lang- bzw. kurzfristig), Geld, Energie, Arbeitsaufwand usw. und

   **vergleicht Kosten und Ertrag.**

**Merke:**
Ökonomisches Handeln und wirtschaften bedeutet, die Ausgaben mit einer möglichen Ersparnis und dem Nutzen ins Verhältnis zu setzen.

Name: ________________ Klasse: ________ Blatt: ________

# Ökonomisch und wirtschaftlich handeln

In einem Haushalt hat jeder viele Wünsche und Bedürfnisse. Vorhandene Einkommen, notwendige Anschaffungen, Preissteigerungen usw. zwingen nicht selten zu einem wirtschaftlichen (ökonomischen) Handeln, damit das Gleichgewicht zwischen den Einnahmen und Ausgaben erhalten bleibt und der Haushalt nicht in eine „Schieflage“ gerät.

Ergänze die Übersichten der Fragen 1 und 2.

**1. Warum handelt Frau Meier wirtschaftlich?**

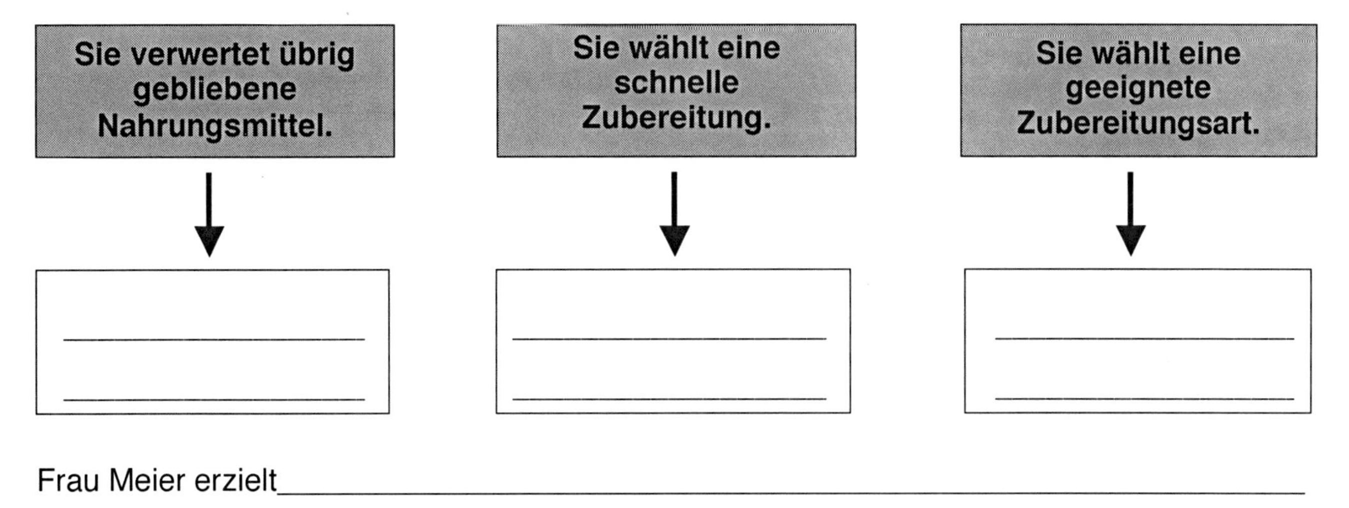


Frau Meier erzielt________________________________________

**2. Wie wirtschaftet man ökonomisch?**

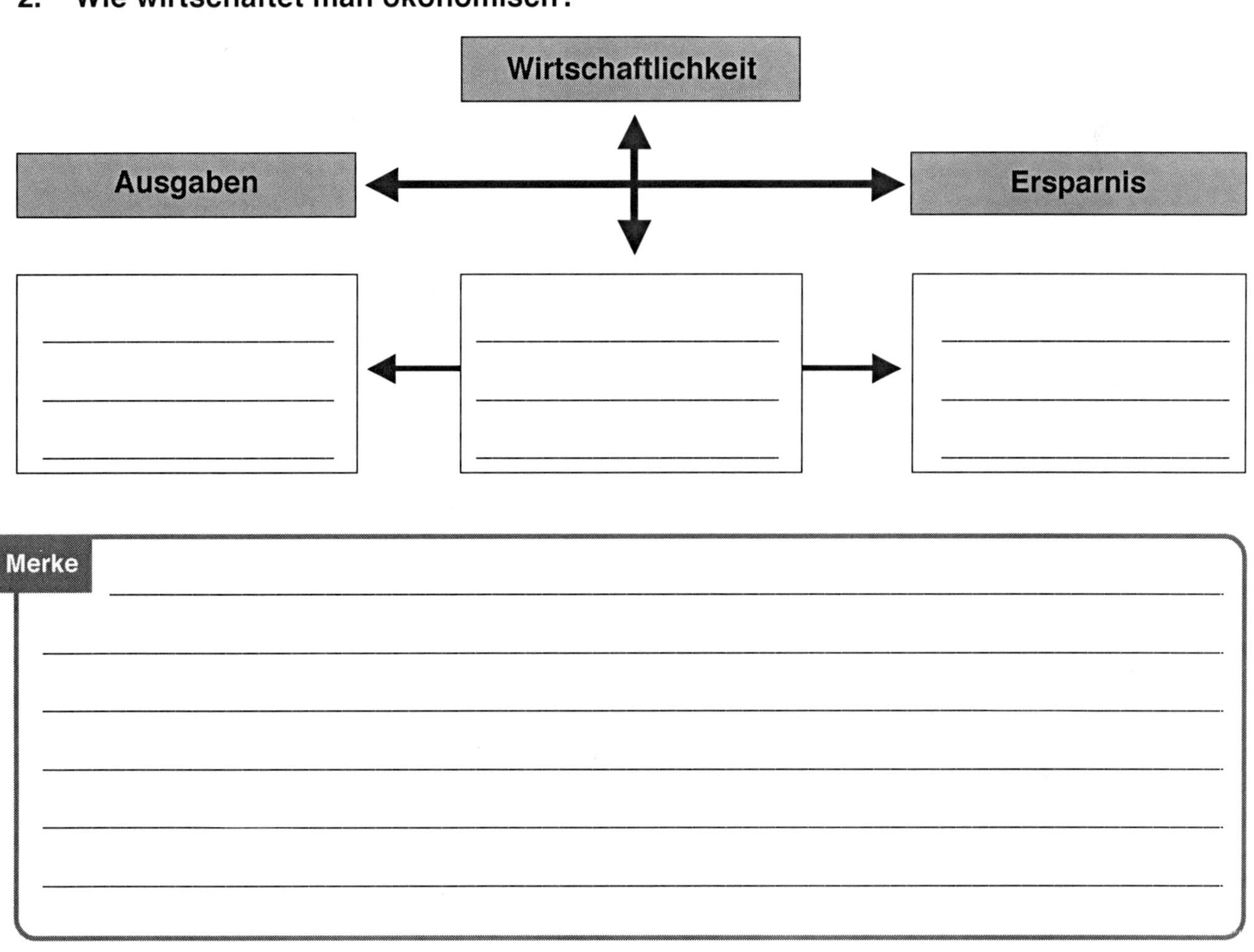


**Merke**

______________________________________________

# UE 18: Ökonomisches Prinzip

## Lerninhalte

- Wissen, dass das ökonomische Prinzip nach dem Minimal- bzw. dem Maximalprinzip unterschieden wird
- Anhand von Beispielen erklären können, wie Minimal- und Maximalprinzip „funktionieren“
- Erklären können, warum beide Prinzipien wirtschaftliches Handeln darstellen
- Gründe und Situationen nennen können, warum manchmal auf das eine oder andere Prinzip verzichtet werden muss

## Arbeitsmittel

- Schülerbuch, Seite 49
- AB 20
- Fallbeispiele

**CD**
- AB_20, AB_20L
- TB_UE_18

## Unterrichtsverlauf

**Einstiegsmöglichkeiten**
- Einführungstext Schülerbuch, Seite 49
- Fallbeispiele für den Kauf von Anschaffungen
- Fallbeispiele: Angebote in der Werbung: Wie soll man sich entscheiden?

**Zielstellung**
- Warum handeln Loretta und Franz wirtschaftlich?
- Minimal- oder Maximalprinzip im Haushalt – zwei Möglichkeiten wirtschaftlichen Handelns

**Erarbeitung**
- Die Hinführung kann anhand der oben angegebenen Einstiegsmöglichkeiten bzw. Zielstellung erfolgen.
- In den im Tafelbild dargelegten Schritten können in arbeitsteiligen oder arbeitsgleichen Gruppen, bzw. in Partnerarbeit die einzelnen Punkte erarbeitet werden.
- Problematisierung der Entscheidungskriterien für beide Prinzipien, eventuell Zurückstellen des Wunsches, bis Geldmittel vorhanden sind (Beispiel aus dem Schülerbuch)
- Erkennen, dass bei Geldknappheit in der Haushaltskasse wirtschaftliches Handeln nach dem ökonomischen Prinzip nicht immer angewendet werden kann (Lieferzeit zu lang, absolutes Wunschdenken, Treue zu einem Betrieb usw.)

**Vertiefung**
- Arbeitsaufgaben 2 und 3 aus dem Schülerbuch, Seite 49
- Eigene Erfahrungen zum wirtschaftlichen Handeln nach dem ökonomischen Prinzip einbringen und analysieren

## Tafelbild

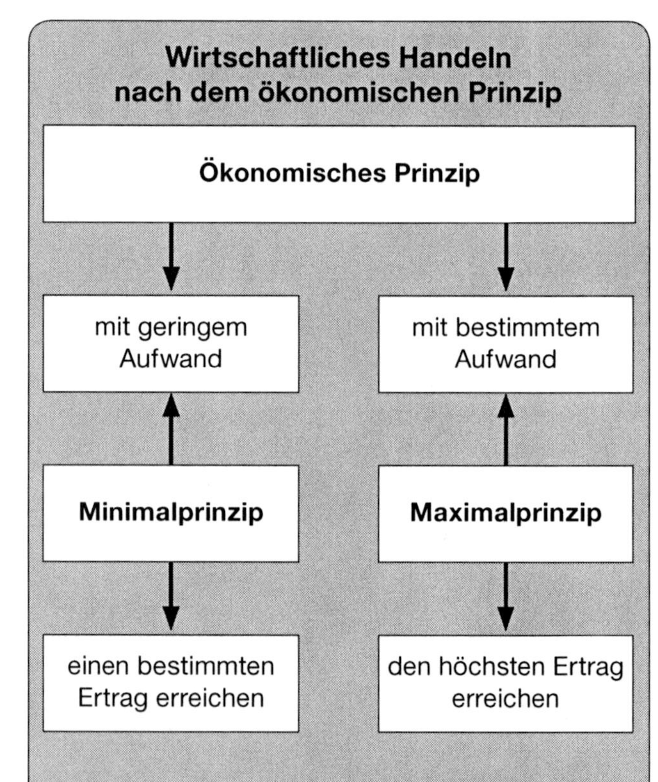

Name: ______________________ Klasse: ________ Blatt: ________

## Wirtschaftliches Handeln nach dem ökonomischen Prinzip

Zwei Möglichkeiten kennzeichnen das ökonomische Prinzip: Maximalprinzip und Minimalprinzip. Beide Möglichkeiten beschreiben wirtschaftliches Handeln. Am Beispiel von Loretta und Franz aus dem Schulbuch, die sich einen MP3-Player kaufen, wird dieses ökonomische Prinzip deutlich.

Ergänze die Übersicht mithilfe des Schülerbuches, Seite 49 und erkläre die Zusammenhänge am Beispiel des MP3-Player-Kaufs aus dem Buch.

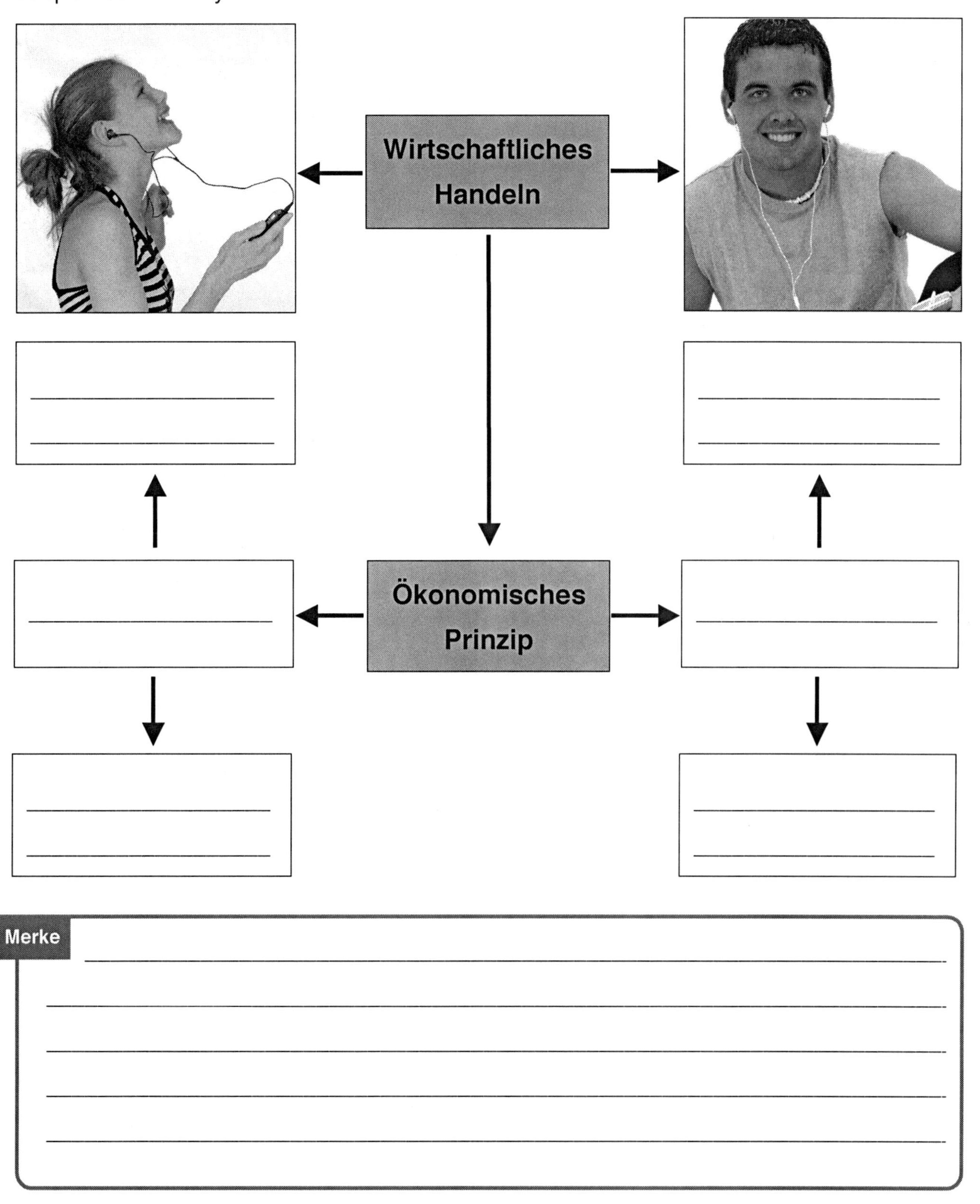


**Merke**

______________________________________________

______________________________________________

______________________________________________

______________________________________________

______________________________________________

# UE 19: Buchführung im Haushalt

## Lerninhalte

- Wissen, dass eine gewissenhafte Buchführung im Haushalt das ökonomische Wirtschaften erleichtert
- Erkennen, dass die Führung eines Haushaltsbuches den Überblick über die Finanzen (Einkommen und Ausgaben) erleichtert
- Wissen, wie man ein Haushaltsbuch führt
- Die Notwenigkeit für ein Haushaltsbuch begründen können

## Arbeitsmittel

- Schülerbuch, Seite 50 und 51
- AB 21
- Fallbeispiele
- Auszug aus einem Haushaltsbuch

### CD
- AB_21, AB_21L
- TB_UE_19

## Unterrichtsverlauf

### Einstiegsmöglichkeiten
- Einführungstext Schülerbuch, Seite 50
- Fallbeispiel schriftliche Taschengeldplanung
- Auszug aus einem Haushaltsbuch

### Zielstellung
- Buchführung im Haushalt
- Warum erleichtert und sichert das Haushaltsbuch das ökonomische Wirtschaften?
- Warum kann ein Haushaltsbuch bösen Überraschungen beim Wirtschaften vorbeugen?

### Erarbeitung
- Die Hinführung kann anhand der oben angegebenen Einstiegsmöglichkeiten bzw. Zielstellung erfolgen.
- In den im Tafelbild dargelegten Schritten können in arbeitsteiligen oder arbeitsgleichen Gruppen, bzw. in Partnerarbeit die einzelnen Punkte erarbeitet werden.
- In Gruppenarbeit verschiedene Möglichkeiten von Haushaltsbüchern entwerfen, vortragen und diskutieren
- Erarbeiten eines gemeinsamen Entwurfes für ein Haushaltsbuch

### Vertiefung
- Arbeitsaufgabe 2 aus dem Schülerbuch, Seite 50
- Kann mit dem gewissenhaften Führen eines Haushaltsbuchs der eigene Konsum gesteuert werden?

## Tafelbild

**Buchführung im Haushalt**

**1. Welche Vorteile bietet ein Haushaltsbuch?**
- Überblick über Einnahmen und Ausgaben
- Übersichtliche Darstellung der Finanzen
- Langfristige Finanzplanung
- Planung von Rücklagen
- Entwicklung der Haushaltsfinanzen
- Steuerungsinstrument für Ausgaben
- Rückblick auf unnötige Ausgaben

**2. Was wird alles ins Haushaltsbuch eingetragen?**
- Feste Einnahmen und Ausgaben (Lohn, Zinsen, Miete, Sparbeiträge usw.)
- Veränderliche Einnahmen und Ausgaben (Kleidung, Freizeit, Urlaub, Energiekosten usw.)

**3. Wie soll ein Haushaltsbuch gestaltet sein?**
- Übersichtliche Darstellung der Einnahmen und Ausgaben
- Wöchentliche oder monatliche Aufschlüsselung
- Jahresübersicht über jährliche Festausgaben

**Merke:**
Das Haushaltsbuch gibt einen Überblick über Einnahmen und Ausgaben einschließlich der Rücklagen. Sie müssen sich immer die Waage halten, damit der Haushalt ausgeglichen ist und das Leben der Familie sichert.

Name: ______________________ Klasse: ________ Blatt: ________

## Buchführung im Haushalt

Für den sparsamen und überlegten Umgang mit dem Geld führt die Familie Meier ein Haushaltsbuch. Es ist Teil einer ökonomischen Haushaltsführung und der Buchhaltung des Haushaltsunternehmens Familie Meier, damit sie immer den Überblick über ihre Finanzen hat.

Ergänze die Gründe bei den einzelnen Fragen.

**1. Welche Vorteile bietet ein Haushaltsbuch?**

- ______________________
- ______________________
- ______________________
- ______________________
- ______________________
- ______________________
- ______________________

**2. Was wird alles ins Haushaltsbuch eingetragen?**

- ______________________
- ______________________
- ______________________
- ______________________

**3. Wie soll ein Haushaltsbuch gestaltet sein?**

- ______________________
- ______________________
- ______________________

**Merke** ______________________

______________________

______________________

______________________

______________________

______________________

______________________

______________________

# UE 20: Verantwortlicher Umgang mit dem Einkommen

## Lerninhalte

- Wissen, dass mit dem Einkommen verantwortungsbewusst umgegangen werden muss
- Erkennen, dass ein übersichtlich geführtes Haushaltsbuch den Umgang mit dem Einkommen erleichtert
- Erkennen, dass eine verantwortliche Finanzplanung langfristig, planmäßig und überlegt werden muss
- Erkennen, dass verantwortungsvolle Finanzplanung, Konsumverzicht oder Konsumverzögerung Maßnahmen sind, um nicht in „rote Zahlen" zu geraten

## Arbeitsmittel

- Schülerbuch, Seite 52
- AB 22
- Fallbeispiele

### CD
- AB_22, AB_22L
- TB_UE_20

## Unterrichtsverlauf

### Einstiegsmöglichkeiten
- Einführungstext Schülerbuch, Seite 52
- Fallbeispiel Taschengeldplanung
- Auszug aus einem Haushaltsbuch, bei dem am 20. des Monats die Einnahmen und Ausgaben bereits gleich hoch sind

### Zielstellung
- Was bedeutet verantwortungsvoller Umgang mit dem Einkommen?
- Konsumverzicht schont die Haushaltskasse

### Erarbeitung
- Die Hinführung kann anhand der oben angegebenen Einstiegsmöglichkeiten bzw. Zielstellung erfolgen.
- In den im Tafelbild dargelegten Schritten können in arbeitsteiligen oder arbeitsgleichen Gruppen, bzw. in Partnerarbeit die einzelnen Punkte erarbeitet werden.
- Problematisieren eines verantwortungsbewussten Konsums: „Nicht alle Wünsche der Familienmitglieder können sofort erfüllt werden", Vorrang der Grundbedürfnisse vor allen anderen Ausgaben
- Arbeitsteilige oder arbeitsgleiche Bearbeitung des Punktes 2 aus dem Tafelbild mit Darstellung und Erörterung an Beispielen aus dem Lebensumfeld der Schüler
- Möglichkeiten des Konsumverzichts oder der Konsumverzögerung erörtern und anhand von Fallbeispielen erklären

### Vertiefung
Arbeitsaufgabe 2 aus dem Schülerbuch, Seite 52, Ratengeschäfte als Möglichkeit eines Sofortkonsums mit ihren Nachteilen

## Tafelbild

**Verantwortungsvoller Umgang mit dem Einkommen bedeutet:**

**1. Führen eines Haushaltsbuches**
- Gewissenhaftes Eintragen der Beträge
- Wöchentliche Überprüfung der Ein- und Ausgaben
- Vorausschauende Planung anhand der Ein- und Ausgaben

**2. Verantwortlicher Konsum bei den Ausgaben**
- Nutzen bedenken
- Folgekosten einbeziehen
- Informationen sammeln
- Kosten vergleichen
- Notwendigkeit der Ausgabe überprüfen
- Alternativen überlegen
- Umweltbewusst einkaufen

**3. Konsumverzicht und Konsumverzögerung**
- Sind bei Geldknappheit verantwortungsvolle Maßnahmen einer verantwortungsvollen Haushaltsführung
- Verhindern eine „Schieflage" der Haushaltsfinanzen
- Können ein Abgleiten in die Schuldenfalle verhindern

**Merke:**
Verantwortlicher Umgang mit dem Einkommen bedeutet überlegte Finanzplanung und verantwortungsvolles Konsumverhalten.

Name: ______________________ Klasse: ________ Blatt: ________

## Verantwortlicher Umgang mit dem Einkommen

Der verantwortungsbewusste Umgang mit dem Einkommen ist die Voraussetzung für einen „ausgeglichenen" Haushalt. Dazu ist es notwendig, einige „Spielregeln" zu beachten und zu befolgen.

Ergänze die Gründe bei den Überschriften 1 bis 3.

### 1. Das Führen eines Haushaltsbuches bedeutet:

- ______________________
- ______________________
- ______________________
- ______________________
- ______________________

### 2. Verantwortlicher Konsum bei den Ausgaben erfordert:

- ______________________
- ______________________
- ______________________
- ______________________
- ______________________
- ______________________
- ______________________
- ______________________
- ______________________

### 3. Konsumverzicht und Konsumverzögerung können:

- ______________________
  ______________________
- ______________________
- ______________________
- ______________________
- ______________________

**Merke** ______________________

______________________

______________________

# UE 21: Einkommen und Lebensstandard M

## Lerninhalte

- Wissen, dass der Lebensstandard vom Einkommen und der Kaufkraft des Geldes bestimmt wird
- Erkennen, dass der Lebensstandard auch von der persönlichen Lebens- und Konsumeinstellung abhängt und bestimmt wird
- An Beispielen Zusammenhang zwischen Preisentwicklung, Kaufkraft und Lebensstandard erklären können

## Arbeitsmittel

- Schülerbuch, Seite 53
- AB 23
- Fallbeispiele

### CD

- AB_23, AB_23L
- TB_UE_21

## Unterrichtsverlauf

### Einstiegsmöglichkeiten

- Einführungstext Schülerbuch, Seite 53
- Kontrastdarstellung: Familie A hat nur das Notwendigste – Familie B lebt im Luxus
- Lebensstandard Industrieländer und Entwicklungsländer im Vergleich

### Zielstellung

- Einkommen und Lebensstandard
- Lebensstandard ist, was ich mir leisten kann

### Erarbeitung

- In den im Tafelbild dargelegten Schritten können in arbeitsteiligen oder arbeitsgleichen Gruppen, bzw. in Partnerarbeit die einzelnen Punkte erarbeitet werden.
- Klärung des Begriffes „Kaufkraft“ und des Zusammenhanges mit dem Einkommen
- Problematisieren der Folgen der sinkenden Kaufkraft auf den Lebensstandard besonders bei Familien mit Kindern (Fallbeispiele zur Verdeutlichung)
- Zusammenhang von Lebensstandard und Lebensvorstellung problematisieren im Hinblick auf Abstammung, Einkommen, Umweltbewusstsein, Luxusvorstellungen, Persönlichkeit der Menschen, Wertebewusstsein usw.

### Vertiefung

- Arbeitsaufgaben 1 und 2 aus dem Schülerbuch, Seite 53
- Welche Auswirkungen kann eine Bankenkrise wie die aus den Jahren 2008/2009 auf den Lebensstandard mit sich bringen?
- Möglichkeiten, seinen Lebensstandard zu sichern

## Tafelbild

**Einkommen und Lebensstandard**

**1. Was bedeutet Lebensstandard?**
- Was ich mir leisten kann
- Luxus
- Gutes Leben
- ...

**2. Was bestimmt den Lebensstandard?**
- Höhe des Einkommens
- Kaufkraft des Geldes (Preisentwicklung)
- Lebenseinstellung

**3. Zusammenhang zwischen Einkommen und Kaufkraft und Lebensstandard**

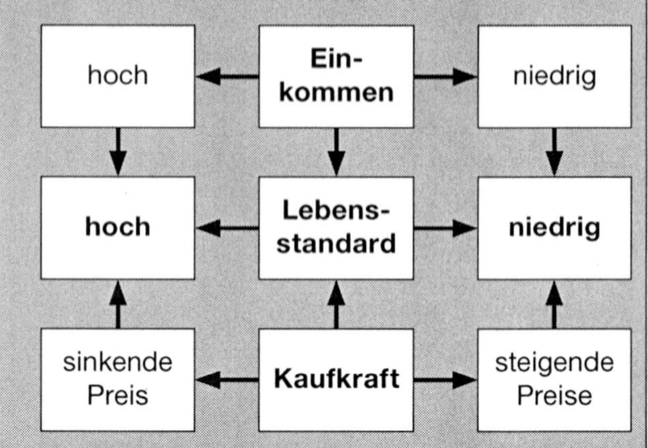


**4. Lebensstandard und Lebensvorstellung**
- Unterschiedliche Auffassungen von Lebensstandard
- Hängt von der Lebensvorstellung ab
- Einstellung zur Arbeit, zur Umwelt ...

**Merke:**
Der Lebensstandard ist abhängig vom Einkommen, von der Kaufkraft des Geldes und von der Lebensvorstellung.

Name: ____________________ Klasse: ________ Blatt: ________

# Einkommen und Lebensstandard

Ergänze die Gründe bei 1. und 2. und die Übersicht unter 3.

## 1. Was bedeutet Lebensstandard?

- ____________________
- ____________________
- ____________________

## 2. Was bestimmt den Lebensstandard?

- ____________________
- ____________________
- ____________________

## 3. Zusammenhang zwischen Einkommen, Lebensstandard und Kaufkraft

| ____________ | ← **Einkommen** → | ____________ |
|---|---|---|
| **hoch** | ← **Lebensstandard** → | **niedrig** |
| ____________ ____________ | ← **Kaufkraft** → | ____________ ____________ |

## 4. Lebensstandard und Lebensvorstellungen

- ____________________
- ____________________
- ____________________
- ____________________

**Merke**

____________________

____________________

____________________

# UE 22: Umweltbewusst haushalten M

## Lerninhalte

- Erkennen, dass im Haushalt der Umweltgedanke eine wichtige Rolle spielt
- Erkennen, dass mit der Änderung von Lebensgewohnheiten die Umwelt geschont werden kann
- An Beispielen erklären können, wie im Haushalt umweltbewusst gewirtschaftet werden kann
- Erkennen, dass der Verbraucher die Macht hat, wenn er umweltschonende Produkte kauft oder sich umweltbewusst verhält

## Arbeitsmittel

- Schülerbuch, Seite 54
- AB 24
- Fallbeispiele
- Informationsmaterial von Umwelteinrichtungen, Verbraucherorganisationen, Umweltministerien, Fachzeitschriften usw.

### CD
- AB_24, AB_24L
- TB_UE_22

## Unterrichtsverlauf

### Einstiegsmöglichkeiten
- Einführungstext Schülerbuch, Seite 54
- Fallbeispiele zur Umweltverschmutzung im Haushalt
- Infomaterial zur Analyse

### Zielstellung
- Umweltbewusst haushalten – aber wie?
- Ökonomie und Ökologie im Haushalt – funktioniert das?

### Erarbeitung
- Die Hinführung kann anhand der oben angegebenen Einstiegsmöglichkeiten bzw. Zielstellung erfolgen.
- In den im Tafelbild dargelegten Schritten können in arbeitsteiligen oder arbeitsgleichen Gruppen, bzw. in Partnerarbeit die einzelnen Punkte erarbeitet werden.
- Am Beispielen herausarbeiten, wie durch eine Änderung von Lebensgewohnheiten die Umwelt geschont werden kann
- Problematisieren der Folgen der zunehmenden Umweltverschmutzung durch die Haushalte, z. B. durch den erhöhten Stromverbrauch, kurzlebige Waren usw.

### Vertiefung
- Arbeitsaufgaben 1 und 2 aus dem Schülerbuch, Seite 54
- Erstellen einer Wandzeitung bzw. Ausstellung für die Schule
- Gezielte Maßnahmen für ein Umweltprojekt im privaten Haushalt oder an der Schule entwerfen, z. B. „Mein Beitrag zu einer sauberen Umwelt“

## Tafelbild

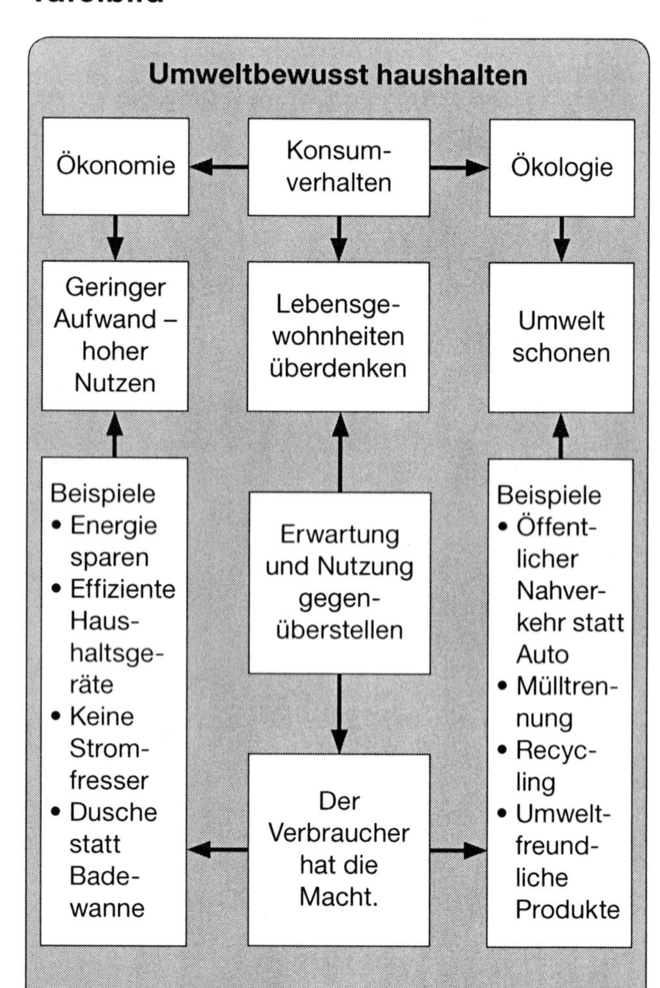

Name: ______________________ Klasse: ________ Blatt: ________

# Umweltbewusst haushalten

Wirtschaftliches Handeln und Haushalten funktioniert nach dem ökonomischen Prinzip. Haushalte sind Konsumenten mit unterschiedlichsten Bedürfnissen und Konsumgewohnheiten. Überflussproduktion, hoher Energieverbrauch, kurzlebige Waren usw. sind nur einige Beispiele für die steigende Umweltbelastung und Ausbeutung der Natur.

Ergänze die Übersicht mithilfe des Schülerbuchs, Seite 54.

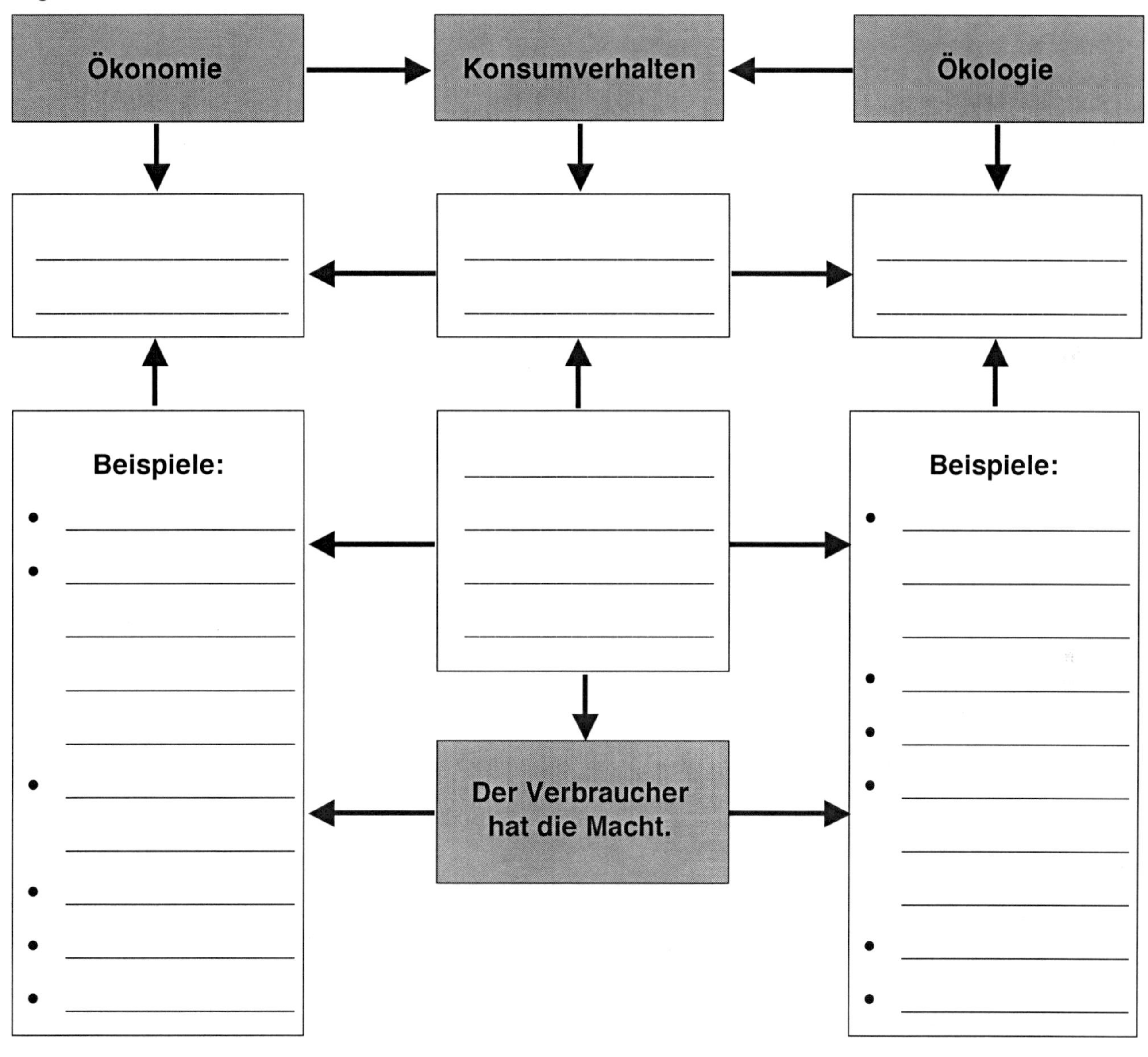


**Merke**

________________________________________

________________________________________

________________________________________

________________________________________

________________________________________

# UE 23: Familie Huber ist überschuldet

## Lerninhalte

- Erkennen, dass die Familie Huber mit ihrem Einkommen nicht verantwortlich gewirtschaftet hat
- Erkennen, dass Familie Huber ihre Notlage selbst verschuldet hat
- Erklären können, warum Familie Huber in diese Notlage gekommen ist
- Erklären können, warum Familie Huber den Überblick über ihre Finanzen verloren hat
- Erklären können, welche Folgen ein verantwortungsloser Umgang mit dem Einkommen haben kann

## Arbeitsmittel

- Schülerbuch, Seite 55
- AB 25
- Fallbeispiele

### CD
- AB_25, AB_25L
- TB_UE_23

## Unterrichtsverlauf

### Einstiegsmöglichkeiten
- Einführungstext Schülerbuch, Seite 55
- Fallbeispiele ähnlicher Art
- Grafik über verschuldete Haushalte in der Bundesrepublik

### Zielstellung
Warum ist Familie Huber so verschuldet?

### Erarbeitung
- In den im Tafelbild dargelegten Schritten können in arbeitsteiligen oder arbeitsgleichen Gruppen, bzw. in Partnerarbeit die einzelnen Punkte erarbeitet werden.
- Herausarbeiten, warum die Hubers in diese Notlage gekommen sind
- Problematisieren der Situation der Hubers und die Folgen, die sich daraus ergeben
- An Beispielen problematisieren, warum immer mehr Familien in solche Notlagen kommen
- Herausarbeiten, warum die Fälle von Überschuldung ansteigen
- Klären der Begriffe aus Arbeitsaufgabe 2 im Schülerbuch, Seite 55

### Vertiefung
- Arbeitsaufgabe 4 aus dem Schülerbuch
- Erstellen einer Wandzeitung zum Themenbereich
- Reflexion des eigenen Verhaltens

## Tafelbild

**Warum ist Familie Huber überschuldet?**

**1. Was bedeutete für die Hubers Lebensstandard?**
- Sich alle Wünsche erfüllen
- Luxus, gutes Leben und Reisen

**2. Warum kamen die Hubers in Schieflage?**
- Keine Haushaltsplanung mit dem Haushaltsbuch
- Keine Rücklagen
- Über die Verhältnisse gelebt
- Wünsche über Kredite finanziert
- Bedürfnisse dem Einkommen nicht angepasst

**3. Folgen für die Hubers**
- Überblick über die Finanzen geht verloren
- Überschuldung
- Sozialer Abstieg
- Drohende Armut

**Merke:**
Unkontrolliertes Konsumverhalten, keine gewissenhafte Haushaltsplanung und ein Leben über die eigenen Verhältnisse sind oft Gründe für eine Überschuldung und den sozialen Abstieg.

Name: ______________________ Klasse: ________ Blatt: ________

# Warum ist Familie Huber überschuldet?

Die Überschuldungen und Privatinsolvenzen sind in den letzten Jahren angestiegen. Viele davon sind selbst verschuldet, manche Menschen geraten aber unverschuldet, z. B. durch Arbeitslosigkeit oder gesundheitliche Probleme, in diese Lage. Auch die Familie Huber ist in eine, allerdings selbst verschuldete, Notlage geraten.

**1** Was bedeutete für die Hubers Lebensstandard?

- ______________________
- ______________________
- ______________________

**2** Welche Fehler machte Familie Huber? Ergänze die Übersicht mithilfe des Schülerbuchs, Seite 55.

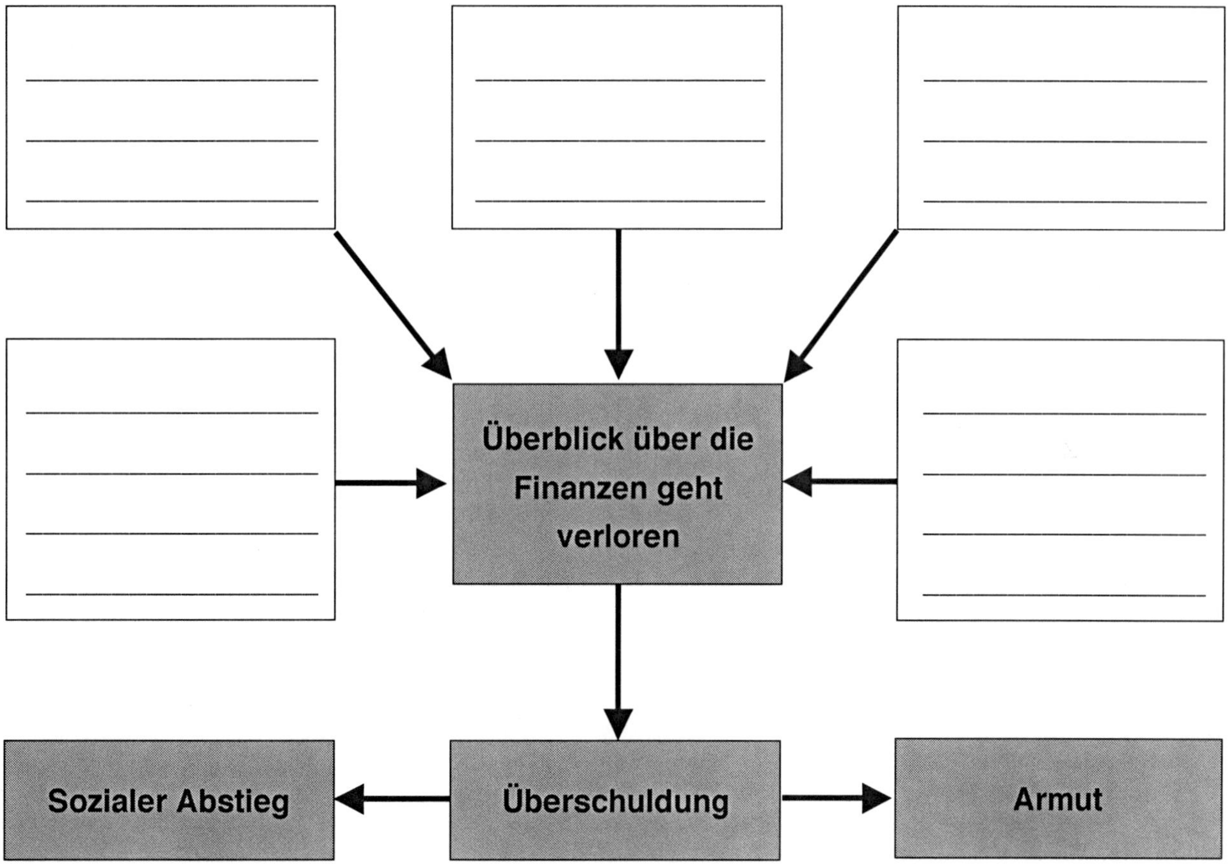

**Überblick über die Finanzen geht verloren**

**Sozialer Abstieg** ← **Überschuldung** → **Armut**

**Merke**

______________________

# UE 24: Auswege aus der Überschuldung

## Lerninhalte

- Erkennen, dass man bei Überschuldung auf professionelle Hilfe angewiesen ist
- Wissen, wo und bei wem man Hilfe in solchen Situationen bekommen kann
- Erkennen, dass in einer solchen Notlage auch Eigenverantwortung und Selbsthilfe gefordert sind
- Wissen, dass solche Notsituationen von skrupellosen Menschen und Institutionen ausgenützt werden
- Erkennen, dass das eigene Konsumverhalten geändert werden muss, um aus einer solchen Notlage herauszukommen

## Arbeitsmittel

- Schülerbuch, Seite 56
- AB 26
- Fallbeispiele
- Informationsmaterial von Verbraucherorganisationen, zuständigen staatlichen Stellen, Schuldnerberatern usw.

### CD
- AB_26, AB_26L
- TB_UE_24

## Unterrichtsverlauf

### Einstiegsmöglichkeiten
- Einführungstext Schülerbuch, Seite 55
- Fallbeispiele zu unverschuldeten Notlagen
- Infomaterial, z. B. neueste Grafiken zur Überschuldung der Haushalte

### Zielstellung
- Auswege aus der Überschuldung?
- Wer hilft Familie Huber aus der Notlage?

### Erarbeitung
- Die Hinführung kann anhand der oben angegebenen Einstiegsmöglichkeiten bzw. Zielstellung erfolgen.
- In den im Tafelbild dargelegten Schritten können in arbeitsteiligen oder arbeitsgleichen Gruppen, bzw. in Partnerarbeit die einzelnen Punkte erarbeitet werden.
- Herausarbeiten, dass man nur professionelle Hilfe suchen sollte
- Am Beispiel „Kredithai" aufzeigen, dass eine solche Hilfe oft noch mehr Schulden verursacht und die Notlage verschärft
- An Beispielen herausarbeiten, wie durch eine Änderung von Konsumgewohnheiten solche Notsituationen entschärft werden können
- Herausstellen, dass Eigenverantwortung und der Wille zur Selbsthilfe zur Bewältigung einer solchen Notlage nötig sind

### Vertiefung
- Arbeitsaufgabe 3 aus dem Schülerbuch, Seite 56
- An Beispielen problematisieren, dass es auch unverschuldete Notlagen geben kann

## Tafelbild

**Auswege aus der Verschuldung**

**1. Wo bekomme ich guten Rat und Hilfe?**
Bei den Schuldnerberatungsstellen von:
- Gemeinden
- Sozialen Verbänden
- Seriösen Geldinstituten

**2. Wo sollte ich keinen Rat holen?**
- Bei Kredithaien
- Bei angeblich guten Freunden
- Bei unseriösen Kreditinstitutionen

**3. Auswege aus der Überschuldung**
- Inanspruchnahme der Schuldnerberatung
- Eigenverantwortung und Selbsthilfe, z. B. Haushaltsbuch führen, sparen, Nebenjob suchen, Kaufverhalten ändern, Ansprüche reduzieren usw.
- Lebensvorstellung überdenken

**Merke:**
Es ist keine Schande, wenn man sich bei Überschuldung Hilfe und Rat holt. Eigenverantwortung und rechtzeitige professionelle Hilfe können vor sozialem Abstieg bewahren und eine solide Finanz- und zukunftsfähige Lebensplanung ermöglichen.

Name: ________________ Klasse: ________ Blatt: ________

# Auswege aus der Überschuldung

Grund für die zunehmende Überschuldung ist oft der ungezügelte Kauf auf Kredit, wenn Kreditzinsen steigen überschulden sich viele, weil sie ihre Darlehen nicht mehr bezahlen können.

**1** Beantworte Punkt 1 bis 3.

**1. Guter Rat kostet nichts bei Schuldnerberatungsstellen von:**

- ________________
- ________________
- ________________

**2. Guter Rat wird teuer bei:**

- ________________
- ________________

  ________________
- ________________

  ________________

**3. Auswege aus der Überschuldung:**

**Konsumfreudige Jugend**

Jährliche Einnahmen und Ausgaben der 6- bis 19-Jährigen

Einnahmen insgesamt: 20,5 Mrd. Euro

davon:

| Einnahmen | Mrd. Euro |
|---|---|
| regelmäßiges Nettogehalt | 9,8 |
| regelmäßiges Taschengeld, Jobs, Nebentätigkeiten | 4,3 |
| Geldgeschenke (Weihnachten, Geburtstag) | 2,3 |
| zusätzliches Geld von den Eltern | 1,9 |
| sonstige | 1,6 |
| | 0,6 |

Ausgaben insgesamt: 22,9 Mrd. Euro

davon:

| Ausgaben | Mrd. Euro |
|---|---|
| Kleidung, Mode | 3,4 |
| Ausgehen, Disko | 2,6 |
| laufende Handykosten | 2,3 |
| Eintrittskarten | 1,6 |
| Körperpflege, Kosmetik | 1,5 |
| Getränke | 1,3 |
| Mofa, Moped | 1,3 |
| Fast Food | 1,3 |
| Zeitschriften, Bücher | 1,0 |
| Hobbies | 1,0 |
| Computer(-software), Videospiele | 0,9 |
| Musik, Hörspiele | 0,9 |
| Süßigkeiten, Eis | 0,9 |
| sonstige | 2,9 |

Stand 2009 Quelle: iconkids & youth © Globus 3998

- ________________
- Eigenverantwortung und Selbsthilfe, z. B. ________________

  ________________

  ________________
- Einkaufsgewohnheiten überdenken, z. B. ________________

  ________________
- Was brauche ich wirklich?. ________________
- ________________

**2** Die Grafik zeigt, wofür Jugendliche ihr Geld ausgeben. Vergleiche Einnahmen und Ausgaben. Was fällt dir auf, was kann man daraus folgern? Überprüfe deine Einnahmen und Ausgaben.

**Merke**

________________

________________

________________

________________

# UE 25: Taschengeld und Konsumdruck

## Lerninhalte

- Erkennen, dass auch Jugendliche in eine Schuldenfalle geraten können
- Erkennen, dass die Werbung ganz gezielt auf die Bedürfnisweckung bei Kindern und Jugendlichen abzielt
- Erkennen, dass der Gruppen- und Konsumdruck bei Jugendlichen zu Unzufriedenheit führen kann
- Wissen, wie man sich diesem Konsumdruck widersetzt
- Erkennen, das Eigenverantwortung und Selbstbewusstsein Kennzeichen eines verantwortungsvollen Konsumenten und Jugendlichen sind

## Arbeitsmittel

- Schülerbuch, Seite 57
- AB 27
- Fallbeispiele

### CD
- AB_27, AB_27L
- TB_UE_25

## Unterrichtsverlauf

### Einstiegsmöglichkeiten
- Einführungstext Schülerbuch, Seite 57
- Fallbeispiele
- Infomaterial zur Analyse, z. B. Grafiken zur Überschuldung Jugendlicher

### Zielstellung
- Taschengeld und Konsumdruck
- Warum reicht mein Taschengeld nicht?

### Erarbeitung
- Die Hinführung kann anhand der oben angegebenen Einstiegsmöglichkeiten bzw. Zielstellung erfolgen.
- In den im Tafelbild dargelegten Schritten können in arbeitsteiligen oder arbeitsgleichen Gruppen, bzw. in Partnerarbeit die einzelnen Punkte erarbeitet werden.
- Problematisieren der Folgen, die durch Konsumdruck und Gruppenzwang entstehen können
- In arbeitsgleicher Partner- bzw. Gruppenarbeit Lösungsmöglichkeiten suchen und erarbeiten, wie man mit solchen Situationen umgeht und wie man sich verhalten kann
- Herausarbeiten, dass auch beim Taschengeld eine gewissenhafte Finanzplanung vor der Schuldenfalle schützen kann
- Reflexion des eigenen Verhaltens

### Vertiefung
- Arbeitsaufgabe 3 aus dem Schülerbuch, Seite 54
- Erstellen einer Wandzeitung zum Thema
- Gespräch mit einer/m Schuldnerberater/-in

## Tafelbild

**Taschengeld und Konsumdruck**

**1. Gründe für Verschuldung Jugendlicher**
- Bedürfnisweckung durch Werbung
- Bedürfnisbefriedigung
- Gruppenzwang
- Besitzdenken
- Vorstellung vom Lebensstandard
- Unreflektierte Käufe

**2. Wie verhindert man den Konsumdruck?**
- Bei den Finanzen (Haushaltsbuch, sorgfältige Planung ...)
- Beim Konsumverhalten (Nutzen-Kostenanalyse ...)
- In der Gruppe (sich dem Gruppenzwang widersetzen, neue Freunde ...)
- Bei mir selbst (Verzicht, Stärkung meines Selbstbewusstseins ...)

**Merke:**
Die Anerkennung unter Freunden darf nicht vom Gruppenzwang abhängen. Eigenverantwortung und Selbstbewusstsein sind Kennzeichen von Selbstständigkeit. Lieber ein kritischer und zufriedener Mensch sein, als ein überschuldeter unzufriedener Konsument.

Name: ______________________ Klasse: ________ Blatt: ________

## Taschengeld und Konsumdruck

Nicht nur Erwachsene geraten in die Schuldenfalle. Auch immer mehr Jugendliche kommen mit ihrem Taschengeld nicht aus, weil sie durch gezielte Werbung, Bedürfnisbefriedigung und Gruppendruck in eine Art Konsumdruck geraten, dem sie nicht widerstehen können.

**1** Nenne Gründe für die Verschuldung Jugendlicher.

- ______________________
- ______________________
- ______________________
- ______________________
- ______________________
- ______________________
- ______________________

„Ich verstehe das nicht, mein Taschengeld reicht nie aus. Bei Oma, bei Kathrin und Lukas stehe ich in der Kreide. Woher nehme ich das Geld für mein neues Handy?“

**2** Wie verhindert man den Konsumdruck? Ergänze die Übersicht.

| **Bei den Finanzen** | **Beim Konsumverhalten** |
|---|---|
| ______________________ | ______________________ |
| ______________________ | ______________________ |
| ______________________ | ______________________ |

| **In der Gruppe** | **Bei mir selbst** |
|---|---|
| ______________________ | ______________________ |
| ______________________ | ______________________ |
| ______________________ | ______________________ |
| ______________________ | ______________________ |

**Merke**

______________________

______________________

______________________

______________________

______________________

______________________

## UE 26: Der Markt – Treffpunkt von Käufer und Verkäufer

### Lerninhalte

- Erkennen, dass die Menschen auf den verschiedensten „Märkten“ Waren und Dienstleistungen einkaufen
- Beschreiben, wie sich das Einkaufen früher und heute gewandelt hat
- Wissen, dass der Markt der Treffpunkt von Käufer und Verkäufer ist und sich ein Angebotsvergleich für den Käufer lohnt
- Erkennen, dass gleiche Waren von vielen Anbietern angeboten werden
- Betriebsformen des Einzelhandels beschreiben

### Arbeitsmittel

- Schülerbuch, Seite 62 und 63
- AB 28
- Filmmaterial zum Thema
- Internetrecherche

**CD**
- AB_28, AB_28L
- TB_UE_26
- Foto: SB77_01

### Unterrichtsverlauf

### Einstiegsmöglichkeiten

- Text: Schülerbuch, Seite 62 und 63
- Bild von Tante-Emma-Laden
- Fallbeispiel: Kauf eines MP3-Players anhand von zwei Werbeangeboten zum gleichen Artikel
- Brainstorming: Welche Märkte kennst du?
- Foto Marktstände Schülerbuch, Seite 77

**Zielstellung**
- Auf welchen Märkten kaufst du ein?
- Welches Angebot würdest du bevorzugen?
- Tante Emma ist out – warum?

**Erarbeitung**
- In den im Tafelbild dargelegten Schritten können in arbeitsteiligen oder arbeitsgleichen Gruppen, bzw. in Partnerarbeit die einzelnen Kriterien erarbeitet werden.
- Die Erarbeitung kann auch anhand eines Fallbeispieles gemäß den oben genannten Einstiegsmöglichkeiten erfolgen.
- Herausarbeiten der Unterschiede und Gemeinsamkeiten Tante-Emma-Laden und Supermarkt
- Arbeitsauftrag 1 Schülerbuch, Seite 62
- Arbeitsauftrag 2 Schülerbuch, Seite 62 in Gruppen oder Partnerarbeit erarbeiten und übersichtlich darstellen, z. B. als Mind Map, Gegenüberstellung, Tabelle usw.
- Unterschiedliche Betriebsformen des Einzelhandels erklären

**Vertiefung**
- Wandzeitungen zum Thema erstellen
- Arbeitsaufgabe 2, Schülerbuch, Seite 63

### Tafelbild

**Der Markt –**
**Treffpunkt von Käufer und Verkäufer**

**1. Auf welchen Märkten kaufen wir Waren oder Dienstleistungen ein?**
- Wochenmarkt (Waren des tägl. Bedarfs)
- Supermarkt (Alles unter einem Dach)
- Stellenmarkt (Arbeitsstellen usw.)
- Reisemarkt (Urlaubsreisen, Flugreisen usw.)
- Wohnungsmarkt (Wohnungen, Häuser usw.)
- Internet-Onlineeinkauf usw.

**2. Tante-Emma-Laden und Supermarkt**
- Beide: „Warenhaus“ mit vielen Abteilungen
- Tante-Emma-Laden nicht mehr konkurrenzfähig
- Supermärkte meist große Einzelhandelsketten

**3. Einkaufen heute bedeutet**
- Auswahl zwischen vielen Geschäften, die gleiche und gleichartige Waren anbieten
- Markterkundung der Verkaufsangebote
- Vergleichen der angebotenen Waren und Dienstleistungen

**4. Betriebsformen des Einzelhandels**
Warenhaus, Supermarkt, Verbrauchermarkt, Discountmarkt, Versandhaus, E-Commerce, Fachgeschäfte

**Merke:**
Der Verbraucher muss die Angebote auf dem Markt vergleichen, bevor er sich für den Kauf einer Ware oder Dienstleistung entscheidet.

Name: ______________ Klasse: ________ Blatt: ________

# Der Markt – Treffpunkt von Käufer und Verkäufer

Im täglichen Leben kaufen wir auf den verschiedensten Märkten Waren und Dienstleistungen ein. Dabei orientieren wir uns am aktuellen Marktangebot.

**1** Auf welchen Märkten kaufen wir Waren oder Dienstleistungen ein?

- ______________
- ______________
- ______________
- ______________
- ______________
- ______________

**2** Vergleiche „Tante-Emma-Laden“ und Supermarkt.

- ______________
- ______________
- ______________

**3** Erkläre in Stichpunkten, was Einkaufen heute bedeutet.

- ______________
- ______________
- ______________

**4** Nenne Betriebsformen des Einzelhandels.

- ______________
- ______________
- ______________
- ______________
- ______________

**Merke**

______________

## UE 27: Angebot und Nachfrage auf dem Markt

### Lerninhalte

- Begriffe „Angebot“ und „Nachfrage“ definieren und an Beispielen erklären
- Interessen und Ziele von Anbietern und Käufern gegenüberstellen und verstehen
- Sensibel reagieren auf die „Verlockungen“ der Anbieter und kritisches Hinterfragen deren Verkaufsstrategien

### Arbeitsmittel

- Schülerbuch, Seite 64 und 65
- AB 29
- Internetrecherche

**CD**
- AB_29, AB_29L
- TB_UE_27

### Unterrichtsverlauf

**Einstiegsmöglichkeiten**
- Text: Schülerbuch, Seite 64 und 65
- Werbeprospekte verschiedener regionaler und überregionaler Anbieter

**Zielstellung**
- Angebot und Nachfrage bestimmen den Markt.
- Warum kauft Frau Meier im 5 km entfernten Supermarkt ein?

**Erarbeitung**
- In den im Tafelbild dargelegten Schritten können in arbeitsteiligen oder arbeitsgleichen Gruppen bzw. in Partnerarbeit die einzelnen Kriterien erarbeitet werden.
- Die Erarbeitung kann auch anhand des Fallbeispieles Frau Meier wie in der Zielstellung erfolgen.
- Herausarbeiten der Ziele von Anbieter und Kunde
- Herausarbeiten, mit welchen Strategien der Markt die Kunden zum Kauf bewegen will und welche Strategien der Kunde beim Kauf anwenden sollte, damit er sich nicht von der Werbung verführen lässt
- Bewusstmachen, dass die Kunden heute ganz bestimmte Ansprüche an die Anbieter haben, wie z. B. genügend Parkplätze, Frische Produkte usw.

**Vertiefung**
- Arbeitsaufgabe 3 aus dem Schülerbuch, Seite 64 und 65
- Angebote für bestimmte Produkte verschiedener Discounter über mehrere Wochen vergleichen, optisch darstellen und bewerten
- Vorbereitung der Erkundung im Supermarkt

### Tafelbild

**Angebot und Nachfrage bestimmen den Markt**

**1. Welche Ziele verfolgen Anbieter und Kunde?**

**Anbieter:** Umsatzsteigerung, Gewinn, Kundenzufriedenheit, Marktanteile, Wettbewerbsfähigkeit

**Kunden:** umfangreiches Warenangebot, reichhaltiges Sortiment, günstige Preise

**2. Welche Strategien wenden Anbieter und Kunden beim Ver- bzw. Einkauf an?**

**Anbieter:** Platzierung der Sonderangebote, der Grundnahrungsmittel, der Markenartikel, der Süßigkeiten usw. in bestimmten Zonen

**Kunden:** Einkaufsliste, Preisvergleiche, Einkaufsfallen erkennen, keine Impulskäufe, Zeit zum Einkauf

**3. Was möchte der Kunde beim Einkauf vorfinden?**
- Breites Warenangebot
- Frische Produkte
- Fachliche Beratung, wenn gewünscht
- Freundliche Verkäufer, guter Service
- Genügend Kassen, wenig Wartezeit
- Erlebnischarakter (Imbiss, Musik, Kinderbetreuung usw.)
- Genügend Parkplätze

**Merke:**
Anbieter und Kunden haben unterschiedliche Interessen. Die Kundenzufriedenheit versuchen die Anbieter durch gezielte Werbung und kundenfreundliche Gestaltung beim Verkauf zu erreichen.

Name: ______________________ Klasse: ________ Blatt: __________

## Angebot und Nachfrage

**1** Welche Ziele verfolgen Anbieter und Kunden?

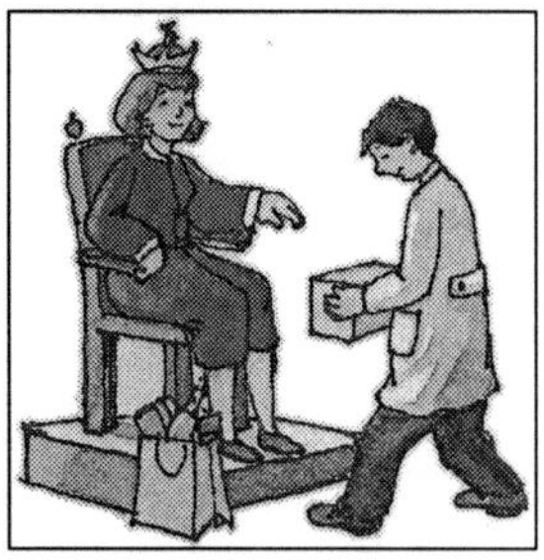

**Anbieter:** ______________________________________

______________________________________

**Kunden:** ______________________________________

______________________________________

**2** Welche Strategien wenden Anbieter und Kunden beim Ver- bzw. Einkauf an?

**Anbieter:** ______________________________________

______________________________________

______________________________________

______________________________________

**Kunden:** ______________________________________

______________________________________

______________________________________

______________________________________

______________________________________

**3** Was möchten die Kunden beim Einkauf vorfinden?

- ______________________________________
- ______________________________________
- ______________________________________
- ______________________________________
- ______________________________________
- ______________________________________

  ______________________________________
- ______________________________________

**Merke** ______________________________________

______________________________________

______________________________________

# UE 28: Wir erkunden einen Supermarkt

## Lerninhalte

- Anhand der Leittextmethode eine Supermarkterkundung durchführen können
- Geeignete Methoden wie Befragung, Beobachtung, Skizzieren, Fotografieren die Erkundung durchführen
- Präsentation der Erkundungsergebnisse vor der Klasse

## Arbeitsmittel

- Schülerbuch, Seite 66–70
- AB 30–34
- Internet
- Infomaterialien Supermarkt und Discounter

### CD
- AB_30, AB_31, AB_32, AB_33, AB_34
- TB_UE_28

## Erkundungsverlauf

### Formulierung des Leittextes
„Die Klasse 7 c erkundet einen Supermarkt mit folgenden Erkundungsschwerpunkten: Anordnung des Warenangebotes, Technikeinsatz, Befragung von Kunden, Verkaufspersonal und Marktleiter/-in."

### Vorbereitung
- **Schwerpunkte:** Aufbau des Marktes, Warenangebot, Anordnung des Warenangebotes, Aufgaben Verkaufspersonal und Marktleiter/-in, Ausbildungsberufe, Kundenbefragung
- **Kontaktaufnahme:** Betrieb aussuchen, Einverständnis einholen
- **Frage- und Beobachtungsbogen** ausarbeiten gemäß den Erkundungsschwerpunkten
- **Gruppeneinteilung**
  Gruppe A: Grundriss und Technikeinsatz
  Gruppe B: Warenplatzierung und Warenangebot
  Gruppe C: Befragung Kunden
  Gruppe D: Befragung Verkaufspersonal und Marktleiter/-in

### Durchführung
Die Dauer der Erkundung sollte mit dem Marktleiter abgesprochen werden. Es sollten nicht mehr als zwei Stunden sein. Verhaltensregeln sind wie bei der Zugangserkundung zu beachten.

### Auswertung
Die Gruppen fassen ihre Ergebnisse zusammen, stellen sie optisch in einer Präsentation der Klasse vor. In einer Art „Manöverkritik" werden Ablauf hinsichtlich Vorbereitung und Durchführung bewertet, Verbesserungsvorschläge erarbeitet.

## Tafelbild

**Wir erkunden einen Supermarkt und Discounter**

**1. Formulierung des Leittextes**

**2. Vorbereitung der Erkundung**
- Festlegung der Schwerpunkte
- Ausarbeiten der Frage- bzw. Beobachtungsbogen
- Aussuchen der geeigneten Betriebe
- Kontaktaufnahme und Erlaubnis zur Erkundung einholen

**3. Einteilung der Gruppen/Teams mit ihrem Erkundungsschwerpunkt**

**4. Durchführung der Erkundung**
- Durchführung in Gruppenarbeit
- Dokumentieren der Ergebnisse

**5. Präsentation der Erkundungsergebnisse**
- Ergebnisse zusammenfassen
- Übersichtliche Darstellung anhand von Plakaten, Wandzeitungen usw.

**6. Rückblick und Bewertung der Erkundung**

Name: ____________________ Klasse: ________ Blatt: ________

# Wir erkunden einen Supermarkt (1)

**Wie planen wir eine Erkundung im Supermarkt? (Beispiel)**

## 1. Leittext für die Erkundung im Supermarkt formulieren

„Die Klasse 7 c erkundet einen Supermarkt
mit folgenden Erkundungsschwerpunkten:
- Anordnung des Warenangebotes
- Technikeinsatz im Supermarkt
- Befragung von Kunden, Verkaufspersonal und Marktleiter/-in.“

## 2. Vorbereitung der Erkundung

- Betrieb aussuchen, Kontaktaufnahme und Einverständnis einholen
- Frage- und Beobachtungsbogen gemäß den Schwerpunkten des Leittextes ausarbeiten, Frageschwerpunkte festlegen und formulieren
- Einteilung der Gruppen für die Erkundungsschwerpunkte

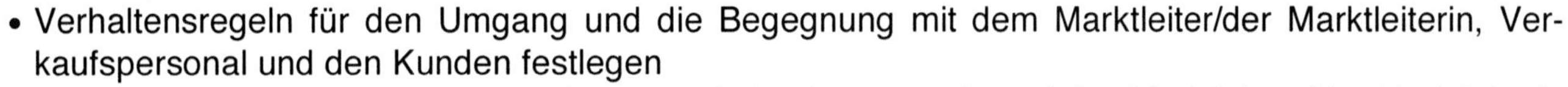

- Verhaltensregeln für den Umgang und die Begegnung mit dem Marktleiter/der Marktleiterin, Verkaufspersonal und den Kunden festlegen
- Im Rollenspiel Befragung der Kunden, des Verkaufspersonals und des Marktleiters/der Marktleiterin simulieren

## 3. Einteilung der Gruppen/Teams mit ihrem Erkundungsschwerpunkt

**Gruppe A:** fertigt vom Supermarkt eine Grundrissskizze an, in die alle Standorte der einzelnen Waren und Warengruppen, Sonderangebote eingetragen werden, erstellt eine Liste „Technikeinsatz“ zu jedem Bereich.

**Gruppe B:** bearbeitet mithilfe eines Erkundungsbogens den Aufbau und Bereich der Kassenzone sowie das Warensortiment in den Regalen in der Sicht-, Greif- und Bückzone.

**Gruppe C:** befragt mithilfe eines vorbereiteten Interviewbogens Kundinnen und Kunden nach Motiven und Gewohnheiten für ihren Einkauf.

**Gruppe D:** führt mithilfe eines vorbereiteten Interviewbogens ein Gespräch mit dem Verkaufspersonal und dem Marktleiter/der Marktleiterin zu ihren Tätigkeitsbereichen.

## 4. Durchführung der Erkundung

- Zeitliche und organisatorische Festlegung der Erkundung mit dem Marktleiter/der Marktleiterin absprechen
- Erkundung in Gruppen durchführen
- Dokumentation und Auswertung der Ergebnisse

## 5. Präsentation der Erkundungsergebnisse

- Ergebnisse vor der Klasse präsentieren und erklären
- Darstellen anhand von Plakaten, Wandzeitungen, Collagen, Tabellen zur Befragung, PowerPointpräsentation, Fotos usw.

## 6. Rückblick und Bewertung der Erkundung

- Was ist gut gelaufen?
- Was können wir verbessern?

Name: ______________________ Klasse: ________ Blatt: ________

## Wir erkunden einen Supermarkt (2)

### Gruppe A

**1** Erstellt eine Grundrissskizze des Supermarkts. In diese tragt ihr die einzelnen Bereiche mit ihrem Warensortiment ein.

**Grundriss**

**2** Erstellt nach diesem Muster eine Liste über die im Supermarkt verwendete Technik.

| Einsatz von Technik im Supermarkt | | |
|---|---|---|
| **Gerät** | **Verwendung/Zweck** | **Anzahl** |
| **Computer** | | |
| **Leergutannahme** | | |
| **Telefon** | | |
| **Scankassen** | | |
| **Laufbänder** | | |
| | | |
| | | |
| | | |
| | | |
| | | |
| | | |

Name: ______________________ Klasse: ________ Blatt: __________

## Wir erkunden einen Supermarkt (3)

### Gruppe B

Wie ist die Kassenzone aufgebaut? Welche Artikel werden in der Kassenzone angeboten? Tragt diese in die Skizze ein. Warum werden gerade diese Artikel in der Kassenzone angeboten? Begründet dies vor der Klasse.

Name: ______________________ Klasse: ________ Blatt: ________

## Wir erkunden einen Supermarkt (4)

**Gruppe B**

Welche Waren werden in den einzelnen Abteilungen in welcher Zone angeboten? Erkundet dies in zwei Abteilungen und tragt die Waren ein. Begründet vor der Klasse, warum die Waren gerade in dieser Zone angeboten werden.

**Abteilung:**______________________________

| | |
|---|---|
| ______________________________<br>______________________________<br>______________________________<br>______________________________<br>______________________________<br>______________________________ | **Sichtzone** |
| ______________________________<br>______________________________<br>______________________________<br>______________________________<br>______________________________<br>______________________________ | **Greifzone** |
| ______________________________<br>______________________________<br>______________________________<br>______________________________<br>______________________________<br>______________________________ | **Bückzone** |

Name: ______________________ Klasse: ________ Blatt: ________

## Wir erkunden einen Supermarkt (5)

### Gruppe C

Führt ein Interview mit Kunden. Stellt dazu die folgenden Fragen und wertet die Antworten in Form einer Zusammenfassung aus. Beachtet die Regeln der Höflichkeit.

1. Warum kaufen Sie hier im Supermarkt ein?
2. Wie beurteilen Sie die Anfahrt und die Parkplätze?
3. Schreiben Sie vor dem Einkauf einen Einkaufszettel?
4. Nutzen Sie regelmäßig die Sonderangebote?
5. Beachten Sie vor dem Einkaufen die wöchentlichen Werbeprospekte?

### Gruppe D

Führt ein Interview mit dem Marktleiter/der Marktleiterin und dem Verkaufspersonal. Stellt dazu die folgenden Fragen und wertet die Antworten in Form einer Zusammenfassung aus. Beachtet die Regeln der Höflichkeit.

**Fragen an den Marktleiter/die Marktleiterin**

1. Welche Aufgaben haben Sie als Marktleiter/-in?
2. Wie viele Angestellte haben Sie hier beschäftigt?
3. Welche Ausbildungsberufe kann ein Azubi in diesem Supermarkt ergreifen?
4. Welche Rolle spielen die Sonderangebote beim Einkaufen im Supermarkt?
5. Wie motivieren Sie Kunden zum Kauf?

**Fragen an das Verkaufspersonal**

1. Haben Sie den Beruf der Verkäuferin/des Verkäufers erlernt, und hat Ihnen die Ausbildung Spaß gemacht?
2. Wie viele Stunden müssen Sie täglich arbeiten?
3. Welche Tätigkeiten üben Sie im Laufe eines Tages aus, und welche gefällt Ihnen hierbei am besten?
4. Was schätzen Sie an Kunden besonders, und was gefällt Ihnen gar nicht?

***Vielen Dank für das Gespräch.***

## UE 29: Verpackung und Abfall

### Lerninhalte

- Erkennen, dass Verpackungen uns über die Produkte informieren können
- Erkennen, dass Verpackungen bestimmte Funktionen haben
- Bewusst werden, dass die Verpackungsflut eine fachgerechte Entsorgung verlangt

### Arbeitsmittel

- Schülerbuch, Seite 72
- AB 35
- Verpackungen von verschiedenen Produkten
- Internetrecherche

**CD**
- AB_35, AB_35L
- TB_UE_29
- Foto: SB72_01

### Unterrichtsverlauf

**Einstiegsmöglichkeiten**
- Text: Schülerbuch, Seite 72
- Fallbeispiel eines Lebensmittelprodukts
- Foto von wilder Müllhalde
- Foto oder Film zum Recycling
- Foto Verpackung Schülerbuch, Seite 72

**Zielstellung**
Wohin mit dem Verpackungsmüll?

**Erarbeitung**
- In den im Tafelbild dargelegten Schritten können in arbeitsteiligen oder arbeitsgleichen Gruppen, bzw. in Partnerarbeit die einzelnen Kriterien erarbeitet werden.
- Die Erarbeitung kann auch anhand eines Fallbeispieles gemäß den oben angegebenen Einstiegsmöglichkeiten erfolgen.
- Anhand des Arbeitsauftrages 1 Seite 72 aus dem Schülerbuch sollen die Schüler eine Übersicht über die Arten und Materialien von Verpackungen erstellen.
- Erarbeiten und erkennen, dass Verpackungen aus der Wiederverwertung zugeführt werden sollten
- Verantwortungsbewusste Abfall- bzw. Mülltrennung als wichtigen Beitrag zur Schonung der Umwelt erkennen
- Experten zum Unterricht hinzuziehen

**Vertiefung**
- Wandzeitungen zum Thema erstellen, Seite 72
- Neues Filmmaterial zum Unterrichtsthema
- Projekt in der Klasse oder an der Schule zum Thema durchführen
- Besuch in einem Wertstoffhof

### Tafelbild

**Verpackung und Abfall**

**1. Verpackungen sind „Informanten“ für Produkte**
Je nach Produkt können erscheinen:
- Produktname
- Zutatenliste
- Mengenangabe
- Mindesthaltbarkeitsdatum
- Hersteller, hergestellt in ...
- Seriennummer
- Werknummer
- usw.

**2. Funktionen der Verpackungen**
- Schutz des Produkts
- Hygiene bei Lebensmitteln
- Leichter Transport (Kisten, Palette usw.)
- Regalgerechte Lagerung
- Kaufanregung

**3. Verpackungsmüll – wohin damit?**
- Container beim Supermarkt (Styropor, Papier, Plastik, Batterien ...)
- Mülltrennung zu Hause
- Wertstoffhof
- Pfandrückgabe

**Merke:**
Die Verbrauchermärkte und Händler sind verpflichtet, Verpackungen zurückzunehmen. Meist bieten sie kleine Container für Plastik- und Papierverpackungen sowie Rücknahmegeräte für Glas- und Plastikpfandflaschen an.

Name: ______________________ Klasse: ________ Blatt: ________

## Verpackung und Abfall

Es gibt heute kaum mehr ein Produkt, das nicht verpackt ist. Verpackungen bestehen oft aus wertvollen Rohstoffen, die immer knapper werden. Deshalb sind viele Verpackungen für die Müllhalde zuschade. Sie sollten gesammelt und der Wiederverwertung zugeführt werden.

**1** Ordne durch Pfeile zu.

Verpackungen sind „Informanten“ über Produkte. Je nach Produkt kann aufgedruckt sein:

- ______________________
- ______________________
- ______________________
- ______________________
- ______________________
- ______________________
- ______________________

**2** Nenne Funktionen von Verpackungen.

- ______________________
- ______________________
- ______________________
- ______________________
- ______________________

**3** Wo kann Verpackungsmüll entsorgt werden?

- ______________________
  ______________________
- ______________________
- ______________________
- ______________________

**Merke**

______________________

______________________

______________________

______________________

______________________

## UE 30: Einkauf im Internet

M LM

### Lerninhalte

- Das Internet als World Wide Web (WWW) verstehen und nutzen können
- Das Internet als Möglichkeit des Einkaufens kennenlernen (Begriff „E-Commerce“ erklären)
- Das Internet als Möglichkeit des Einkaufs selbst nutzen können
- Erkennen, dass für den Einkauf im Internet bestimmte Vorsichtsmaßnahmen beachtet werden sollten
- Vor- und Nachteile des Interneteinkaufs an Beispielen erklären

### Arbeitsmittel

- Schülerbuch, Seite 73 und 74
- AB 36
- Internet

**CD**
- AB_36, AB_36L
- TB_UE_30

### Unterrichtsverlauf

**Einstiegsmöglichkeiten**
- Text: Schülerbuch, Seite 73
- Fachzeitschriften zum Interneteinkauf
- Erfahrungen der Schüler zum Interneteinkauf
- Zeitungsmeldungen zu Betrügereien bei Internetbestellungen

**Zielstellung**
Einkaufen im Internet

**Erarbeitung**
- In den im Tafelbild dargelegten Schritten können in arbeitsteiligen oder arbeitsgleichen Gruppen, bzw. in Partnerarbeit die einzelnen Kriterien erarbeitet werden.
- Die Erarbeitung kann auch anhand eines Fallbeispieles erfolgen.
- Arbeitsaufträge 1 und 2 Schülerbuch, Seite 73 erarbeiten und übersichtlich darstellen
- Vor- und Nachteile des Interneteinkaufs gegenüberstellen
- Das Bewusstmachen von Kriterien, die man beim Interneteinkauf beachten sollte, wie konkrete Adresse des Anbieters, Hinweise zu den Geschäftsbedingungen, Lieferbedingungen, Umtauschmöglichkeiten, Zahlungsarten, Datenschutz usw.

**Vertiefung**
- Wandzeitungen zum Thema erstellen
- Simulation eines Einkaufs über die Leittextmethode Schülerbuch, Seite 74

### Tafelbild

**Einkaufen im Internet (E-Commerce)**

**1. Das World Wide Web**
- Internetdienst, Voraussetzung ist ein Internetanschluss (= Zugangsberechtigung)
- stellt weltweit Informationen zur Verfügung
- Informationen sind mithilfe von Suchmaschinen weltweit abrufbar
- ermöglicht E-Mail-Verkehr
- ermöglicht E-Commerce, Online-Banking, geschäftliche Transaktionen usw.
- Herunterladen von Software, Videodateien usw.
- ...

**2. Einkaufen im Internet**

**Vorteile:**
- Einkauf rund um die Uhr
- Schneller Angebotsvergleich
- Nutzung aktueller Tagespreise
- ...

**Nachteile:**
- Keine persönliche Beratung
- Kein oder wenig Service
- Reklamationen und Umtausch schwieriger
- Datenschutz nicht immer gewährleistet
- ...

**3. Vorsichtsmaßnahmen beim Einkauf**
- Geschäftsbedingungen genau lesen
- Zahlungs- und Lieferbedingungen, Umtauschmöglichkeiten
- Datenschutz
- ...

**Merke:**
Der Begriff „E-Commerce“ steht für den elektronischen Einkauf, Verkauf und Handel von Waren und Dienstleistungen aller Art über das Internet.

Name: ______________________ Klasse: ________ Blatt: ________

# Einkauf im Internet (E-Commerce)

Das Internet ist mittlerweile zum Massenmedium geworden, das weltweit von Millionen Menschen, von der Wirtschaft, für den Handel, Kauf und Verkauf von Waren und Dienstleistungen usw. genutzt wird. Es ist aus unserem Leben nicht mehr wegzudenken.

**1** Was ist das World Wide Web?

- ____________________
- ____________________
- ____________________
- ____________________
- ____________________
- ____________________

**2** Nenne Vor- und Nachteile des Einkaufens im Internet.

- ____________________
- ____________________
- ____________________
- ____________________

- ____________________
- ____________________
- ____________________
- ____________________
- ____________________

**3** Welche Vorsichtsmaßnahmen sind beim Einkauf im Internet zu beachten?

- ____________________
- ____________________
  ____________________
- ____________________

**Merke**

____________________

____________________

____________________

____________________

# UE 31: Projekt: Wir arbeiten und wirtschaften für einen Markt an der Schule LM

## Grundlegende Informationen zum Projektunterricht

**Lehrplanvorgaben**

- Der Projektunterricht ist eine Unterrichtsform, der nach dem neuen Lehrplan besondere Bedeutung zukommt. Das Projekt ist eingebettet im **Lernfeld Arbeit – Wirtschaft – Technik**, bestehend aus dem **Leitfach AWT** und den berufsorientierenden Zweigen Wirtschaft, Technik und Soziales. Der Erziehungs- und Bildungsauftrag in Arbeitslehre kann nur erfüllt werden, wenn zusammen mit anderen Fächern, v.a. den fachpraktischen Fächern ausgewählte Lerninhalte in einem Projekt erarbeitet werden. Dabei muss jedes Fach mit seinen Inhalten und Arbeitsweisen seinen spezifischen Beitrag zum Gelingen des Projekts leisten.

- **Die Schüler arbeiten und wirtschaften für einen Markt in der Schule.** Die Schüler sollen sich wirtschaftliches Grundwissen handlungsbezogen und erfahrungsorientiert aneignen und die Einsicht gewinnen, dass wirtschaftliches Handeln in ihrem Alltag und für ihr Leben wichtig ist.

- **Die Schüler fertigen Produkte und Dienstleistungen.** Sie übernehmen die Rolle von Warenproduzenten, Warenanbietern und Kunden unter Berücksichtigung eines möglichst gewinnbringenden Absatzes ihrer Produkte.

- **Die Schüler planen Arbeitsgänge und Arbeitsverteilung.** Sie fertigen mit technischen Mitteln geeignete Produkte und bieten Dienstleistungen an.

- **Die Schüler erlernen projekttypische Arbeitstechniken.** Sie planen gemeinsam den Projektverlauf von der Projektidee bis zum Projektabschluss.

**Verlauf eines Projekts gemäß Lehrplan**

- Projektstart
- Projektplanung
- Projektausführung
- Projektpräsentation
- Projektevaluation

**Unterrichts- bzw. Projektverlauf**

- Projektvorbereitung und Projektverlauf können sich nur nach den an der Schule möglichen Gegebenheiten in Absprache mit Schulleitung und der beteiligten Lehrkräfte richten. Beteiligt am Projekt in der 7. Jahrgangsstufe sind gem. Lehrplan AWT, die berufsorientierenden Zweige Wirtschaft und Soziales.
- Ebenso sind bereits Erfahrungen der Schüler aus anderen und früheren Projekten für die Durchführung entscheidend.
- Das Projekt im Schulbuch ist nach dem Lehrplan aufgebaut, die Reihenfolge kann aber entsprechend der eigenen Projekt- und Arbeitsplanung unterbrochen oder geändert werden.
- Alle Lehrplanlernziele sind auf den Schulbuchseiten abgedeckt.
- Der Vorschlag für einen möglichen Projektverlauf auf Seite 77 bis 79 kann, je nach Situation vor Ort, übernommen, abgeändert oder ergänzt werden.
- Methodenseiten zum Projektverlauf, zur Umfrage, Expertenbefragung und Teamarbeit fördern selbsttätiges Handeln.
- „Überprüfe dein Wissen“ und „Grundwissensseite“ ermöglichen dem Schüler eine gezielte Wiederholung und Vertiefung.
- Organisationspläne, Tabellen, Kostenvergleiche, Einkaufslisten usw. müssen je nach Projekt entworfen werden.

**Welche Rolle hat der Lehrer im Projekt?**

- Mitglied der Projektgruppe, nicht der Steuermann, der alles bestimmt, sondern der sich in die Gruppendynamik einbindet.
- Lernförderer, der Denkanstöße und Orientierungshilfen gibt.
- Nicht allwissender Regisseur, sondern Berater, Partner Mitplaner, Mutmacher.
- Lernbegleiter, der es versteht, Planung zwischen Offenheit und einengender Gängelung auszutaxieren.
- Tritt zugunsten der Schülerselbsttätigkeit und Schülerverantwortung in den Hintergrund.

**Bei fächerübergreifenden Projekten ist eine enge Kooperation der beteiligten Lehrkräfte unabdingbar!**

## Arbeitsmittel

- Schülerbuch, Seite 78
- AB 37

**CD**
AB_37, AB_37L

Name: ______________________ Klasse: ________ Blatt: ________

## Unser Lernweg: Ein Projekt durchführen

Ergänze die einzelnen Schritte.

**Projektstart**
Unsere Projektideen

→ **Projektinitiative**
- ____________________
- ____________________
- ____________________

↓

**Projektplanung**
Wer macht was wann mit wem?

→ **Organisation des Projektablaufs**
- ____________________
- ____________________
- ____________________
  ____________________
- ____________________

↓

**Projektausführung**
Wir produzieren Waren oder Dienstleistungen.

→ **Produktion der Waren und Dienstleistungen**
- ____________________
- ____________________
- ____________________
- ____________________

↓

**Projektpräsentation**
Wie präsentieren wir unsere Waren und Dienstleistungen?

→ **Verkauf der Waren und Dienstleistungen**
- ____________________
- ____________________
- ____________________
- ____________________

↓

**Projektevaluation**
Wie ist das Projekt gelaufen?

→ **Bewertung des Projekts**
- ____________________
- ____________________
- ____________________
- ____________________

## UE 32: Projekt Schulfasching

LM

Verköstigung mit Eigenproduktion von Snacks und Schminken als Dienstleistung

**Das Projekt wurde**, wie es im Schülerbuch von Seite 78 bis Seite 104 abgedruckt ist, **von den Schülern der 7. Klasse und den beteiligten Lehrkräften durchgeführt**.
Das Projekt mit dem nachfolgend abgedruckten Projektverlauf ist auf andere oder ähnliche Projekte übertragbar.

Begründung und Ziele des Projekts Schulfasching:

- Das Projekt ist an einer **Lebenssituation** orientiert. In diesem Fall ist es der Schulfasching der Schule, auf dem die Schüler selbst produzierte Waren verkaufen und eine Dienstleistung anbieten wollen.

- **Das Projekt versucht, ein bestimmtes, vorgefasstes Ziel zu erreichen.** Es realisiert einen von den Schülern selbst konstruierten Plan, d. h., die Schüler planen ihr Projekt von der Projektidee bis zum Projektabschluss in eigener Verantwortung selbst. Im Schülerbuch kommt dies durch die Einteilung in einzelne Schritte zum Tragen, die sich am vorgegebenen Lehrplan orientieren. Diese Schritte sollten eingehalten werden. Die Schüler sollten mit dem Lernweg Projekt möglichst selbstständig das Projekt durchführen. Ab diesem Zeitpunkt sollen die Schüler selbsttätig ihre Ideen einbringen, sie ordnen sie, diskutieren sie, entscheiden sich dann für eine Idee und setzen diese Idee in der Realität um.

- **Alternativ könnte auch ein Leittext mit den angestrebten Projektzielen vorgegeben werden. (Siehe Hinweise zur Projektprüfung für die Jahrgangsstufe 8 und 9).**

- Das Projekt ist so angelegt, dass die Schüler die Situation – „Welches Projekt können wir im Fächerverbund Arbeit-Wirtschaft-Technik, Wirtschaft und Soziales machen, wenn sich jedes Teilfach beteiligen muss?“ – erkennen. Sie entwickeln aus dieser Problemstellung heraus **Handlungsperspektiven**, setzen diese in konkrete **Handlungspläne** um und lösen so eine Aufgabe – **das gemeinsame Projekt**.

- Das Unterrichtsprojekt soll die **außerschulische Lebenswelt des Schülers sowie die gesellschaftliche Umwelt hereinnehmen und damit die Isolation der Schule aufheben**. Es soll primäre Erfahrungen der Schüler aus ihren Alltagssituationen nehmen und dem Schüler tiefere Einsichten in die komplexen Zusammenhänge der sozio-kulturellen und gesellschaftlichen Bedingungen, in diesem Falle die Zusammenhänge aus der Wirtschafts-, Arbeits- und Berufswelt, gewähren.

- Das Projekt hat **fächerübergreifenden Charakter**: Arbeit-Wirtschaft-Technik, Wirtschaft und Soziales sowie WTG, Deutsch, Mathematik und Kunsterziehung sind am Projekt Schulfasching beteiligt. Die fächerspezifischen Arbeitsweisen werden zugunsten einer ganzheitlichen zurückgedrängt. Die in der Arbeitswelt geforderte **Teamarbeit** wird besonders gefördert. Im vorliegenden Projekt versuchen die Schüler **gemeinsam, aus den Einzelinteressen Interessensschwerpunkte zu bilden**, Produkterwartungen zu ermitteln, Arbeitsperspektiven zu entwickeln und die Produkte und Dienstleistungen vor Ort zu vermarkten. Wichtige Lerninhalte aus den beteiligten Fächern werden anhand des Projekts von den Schülern unter neuen Aspekten erarbeitet, z. B. Verbraucherschutz aus der gleichzeitigen Sicht als Produzent, Dienstleister und Konsument.

**Folgende Zielsetzungen für die zukünftige berufliche Tätigkeit werden im Unterrichtsprojekt besonders gefördert:**

- **Fachspezifische Fähigkeiten und Fertigkeiten** der jeweiligen praktischen Fächer werden erlernt und in der Anwendung geübt.
- **Extrafunktionale Qualifikationen** werden gefördert wie Problemlösen, Teamfähigkeit, Kommunikationsfähigkeit, Planungs- und Verantwortungsbewusstsein sowie Kreativität, Kritikfähigkeit, Denkanstrengung, Phantasie, Eigeninitiative, Informationswege und Dokumentationswege suchen.
- **Schüler knüpfen nicht nur Kontakte untereinander**, sondern sie knüpfen sie **auch vor Ort** bei den Handwerksbetrieben, in Geschäften und Behörden.

| Projektablauf | Unterrichtspraktische Durchführung | Anmerkungen<br>Schülerbuch-Seite, beteiligte Fächer, Schulwoche(n) |
|---|---|---|
| **Projektstart** | **Projektinitiative** | AWT 7.3. |
| | **Zielvorstellung Projekt in AWT**<br>**durch den Klassenlehrer**<br>**unter Mitwirkung aller Schüler der Klasse**<br>**und unter Einbezug der berufsorientierenden Zweige**<br>Soziales, Wirtschaft und Fachlehrer<br>im gemeinsamen Gespräch | <br><br>SB S. 78, 79<br>AL<br><br>Sch. Wo. ...<br>Wirtschaft, Soziales |
| | **Sammeln der Projektideen**<br>– Projektideen diskutieren und ergänzen<br>– Projektideen ordnen und übersichtlich darstellen | AWT<br>SB S. 78, 79<br>AWT |
| | **Entscheidungsfindung in der Klasse**<br>– Diskutieren der Projektideen in der Klassengemeinschaft unter dem Aspekt: AWT, Wirtschaft und Soziales müssen ihren Beitrag dazu leisten können<br>– Jeder Schüler stellt seine Projektidee vor und begründet sie.<br>– Vor- und Nachteile werden erörtert.<br>– Abstimmung und Entscheidung | SB S. 80 |
| | **Entscheidung für eine Projektidee**<br>Wir bieten beim Schulfasching Verköstigung und Kinderschminken an. | AWT, Wi., Soz.<br>SB S. 80 |
| | **Ermitteln der Verbraucherwünsche**<br>– Sammeln und diskutieren von Möglichkeiten, wie man Verbraucherwünsche ermitteln kann<br>– Diskutieren, welche Produkte man anbieten will<br>– Entscheiden für die Art der Verbraucherumfrage<br>– Erstellen und Gestalten der Umfrage<br>– Direktbefragung durchführen | Sch. Wo. ...<br>SB S. 80, 81<br>AWT |
| | **Auswerten der Umfrageergebnise**<br>– Darstellen der Verbraucherwünsche in einer Tabelle<br>– Auswerten der Tabelle<br>– Entscheidung für die Produktion und Dienstleistung | SB S. 81<br><br><br>AWT |

| Projektablauf | Unterrichtspraktische Durchführung | **Anmerkungen** Schülerbuch-Seite, beteiligte Fächer, Schulwoche(n) |
|---|---|---|
| **Projektplanung** | **Entwickeln des Planungsweges für den Imbiss- und Schminkbetrieb** | AWT<br>Sch. Wo. ... |
| | **Wer macht was/wann/mit wem?** | AWT |
| | **Organisation**<br>– Projektziele festlegen<br>– Arbeitsaufteilung für die „Betriebe" festlegen Zuordnung der Aufgaben auf die ganze Klasse und auf die fachpraktischen Fächer in einer Grobplanung | <br>SB S. 82<br>SB S. 83, 84<br><br>AWT |
| | **Zeitplanung des Projekts**<br>Einzelmaßnahmen auflisten und zeitlich den Schulwochen und den beteiligten Fächern zuordnen | AWT, Wi., Soz.<br>AWT<br><br>SB S. 84 |
| | **Arbeits- und Organisationspläne**<br>in den fachpraktischen Fächern erarbeiten | Wi., Soz. |
| | **Expertengespräch**<br>Lernweg: das Gespräch mit Experten | <br>SB S. 88, 89 |
| | **Finanzierung und Kostensenkung**<br>– Möglichkeiten der Finanzierung sammeln und diskutieren der Vor- und Nachteile<br>– Möglichkeiten, Kosten zu senken, sammeln, Vor- und Nachteile diskutieren<br>– Entscheidung für die Kostensenkungsmaß-nahmen | Sch. Wo. ...<br>SB S. 85, 87, 90, 92<br>AWT |
| | **Verbraucherschutz Recht und Gesetz**<br>Rechtliche Rahmenbedingungen für Verbraucher und Produzenten (Verkäufer) erkunden bei:<br>– Verbraucherberatungsstellen<br>– Lebensmittelüberwachung<br>– Gesundheitsämter<br>– Möglichkeiten für umweltbewusstes Verhalten von Verbrauchern, Verkäufern und Produzenten sammeln, diskutieren und werten | Sch. Wo. ...<br>SB S. 86<br><br>AWT, Soz. |

| Projektablauf | Unterrichtspraktische Durchführung | Anmerkungen<br>Schülerbuch-Seite, beteiligte Fächer, Schulwoche(n) |
|---|---|---|
| **Projektausführung** | **Produktion der Waren und Dienstleistungen**<br>**Arbeitsaufträge für die Arbeitsorganisation festlegen** | SB S. 91-98<br>AWT, Wi., Soz. |
| | **Planungsmaßnahmen**<br>– Organisationspläne detailliert ausarbeiten<br>– Materiallisten erstellen<br>– Fertigungspläne erstellen (Reihenfolge der Arbeitsschritte bei der Produktion) | Sch. Wo. ...<br>SB S. 84, 96<br>Wi., Soz. |
| | **Einkauf**<br>– Einkaufslisten erstellen<br>– Preisvergleiche anstellen<br>– Material einkaufen | |
| | **Mengenkalkulation**<br>– Kalkulationslisten erstellen<br>– Einkaufslisten erstellen | <br>Wi.<br>Ku. |
| | **Kalkulation der Selbstkosten**<br>– Preise von Firmen einholen<br>– Preise gegenüberstellen<br>– Verkaufspreise kalkulieren | |
| | **Produktgestaltung**<br>– Gestaltungsformen für Produkte festlegen | |
| **Projektpräsentation** | **Verkauf der Waren und Dienstleistungen**<br>**Marketing und Werbung**<br>– Begriff „Marketing“ erarbeiten<br>– Werbemaßnahmen festlegen und Werbeziele formulieren | Sch. Wo. ...<br>SB S. 95 |
| | **Preise festlegen**<br>– Erkunden verschiedener Einkaufsstätten<br>– Preisvergleich anhand der Einkaufslisten durchführen<br>– Qualität von Lebensmitteln beachten, Qualitätsmerkmale | <br>Soz.<br>SB S. 93, 94 |
| | **Präsentationsformen**<br>– Art der Präsentationsform diskutieren und festlegen<br>– Verkaufspersonal festlegen und im Rollenspiel schulen | SB S. 98 |
| | **Präsentation des Projektverlaufs**<br>– Möglichkeiten der Projektdarstellung diskutieren und festlegen | |
| **Projektevaluation** | **Bewertung des Projekts**<br>**Gemeinsam am Ziel**<br>– Reflexion über den Projektverlauf<br>– Gewinn oder Verlust ausrechnen<br>– Meinungsaustausch<br>– Fehleranalyse und Bewertung des Projektes<br>– Ausblick auf ein neues Projekt | SB S. 99, 100<br>Sch. Wo. ... |

# UE 33: Wir machen eine Umfrage LM

## Lerninhalte

- Notwenigkeit der Umfrage
- Wert der Umfrage erkennen
- Regeln für die Umfrage erarbeiten
- Umfrage simulieren und üben
- Umfrage durchführen
- Sozialkompetenz einüben
- Eigene Erfahrungen machen

## Arbeitsmittel

- Schülerbuch, Seite 80 und 81
- AB 38
- Umfragebeispiele aus Zeitschriften oder dem Internet

### CD

- AB_38, AB_38L
- TB_UE_33

## Unterrichtsverlauf

### Einstiegsmöglichkeiten

- Text: Schülerbuch, Seite 80
- Bilder, Fotos, Berichte, Auswertungen von Umfragen
- Einstiegsspiel: Schüler stellen sich gegenseitig Fragen zu einem bestimmten Thema

### Zielstellung

Warum machen wir eine Umfrage?

### Erarbeitung

Die Erarbeitung erfolgt in folgenden Schritten:

1. Was ist eine Umfrage?
2. Warum machen wir eine Umfrage?
3. Wie führen wir die Umfrage durch?
4. Wie bereiten wir uns auf unsere Umfrage vor?
5. Wie werten wir die Ergebnisse aus?

In Zusammenarbeit der Fächer Arbeit-Wirtschaft-Technik, boZ Wirtschaft, boZ Soziales und Deutsch werden die Fragen zur Umfrage erarbeitet und der Fragebogen gestaltet. Dies kann durch arbeitsteilige oder arbeitsgleiche Gruppen- oder Partnerarbeit geschehen.

In arbeitsteiliger Gruppenarbeit kann/können

- im Deutschunterricht Interviewtechnik oder Befragung im Rollenspiel eingeübt werden;
- im AWT-Unterricht der Organisationsplan zum Ablauf der Befragung erstellt werden;
- im boZ Wirtschaft Auswertungslisten entworfen und gedruckt werden;
- im boZ Soziales oder im Klassenverband Präsentationsmöglichkeiten erarbeitet werden.

### Vertiefung

- Bewertung der Umfrage
- „Manöverkritik", Verbesserungsvorschläge

## Tafelbild

**Unser Lernweg: Eine Umfrage**

**Was ist eine Umfrage?**

- Informationen einholen
- Erforschen von Meinungen
- Entscheidungshilfe
- ...
- ...

**Wie führt man eine Umfrage durch?**

- Wer soll befragt werden? (Personenkreis)
- Wie viele Personen befragen wir?
- Befragen wir schriftlich durch Fragebogen oder mündlich durch Interview?
- Wie muss unsere Fragestellung aussehen? (Absicht)
  - Was wollen wir wissen?
  - Welche Fragen stellen wir?
  - Wie formulieren wir die Fragen?
  - Geben wir mögliche Antworten vor?
  - ...
  - ...
- Wer macht die Umfrage? (Welche Schüler?)
- Wann machen wir die Umfrage? (Zeitraum)
- Wie werten wir die Umfrage aus?
- Wie präsentieren wir unsere Umfrageergebnisse?
- Wie üben wir die Umfragetechniken in der Klasse ein?

Name: ____________________ Klasse: ________ Blatt: ________

## Unser Lernweg: Eine Umfrage erstellen

Eine Umfrage ist eine beliebte und weit verbreitete Methode, um von Leuten bestimmte Informationen zu erfragen. Aufgrund dieser Informationen können bestimmte Aussagen oder Entscheidungen getroffen werden. Umfragen sind eine Entscheidungshilfe, z. B. für die Art der Verköstigung bei einem Schulfest. Um aber brauchbare Ergebnisse mit Aussagewert zu erhalten, muss eine Umfrage sehr sorgfältig geplant werden. Umfragen können schriftlich oder mündlich erstellt werden. Mündliche Umfragen nennt man Interviews. Wie man ein Interview führt, hast du bereits im Schülerbuch der 5. Klasse gelernt. Hier geht es um eine schriftliche Umfrage in Form eines Fragebogens.

Ergänze die Einträge in einer sinnvollen Reihenfolge mithilfe des Schülerbuchs, Seite 80.

**Interview/Fragebogen**

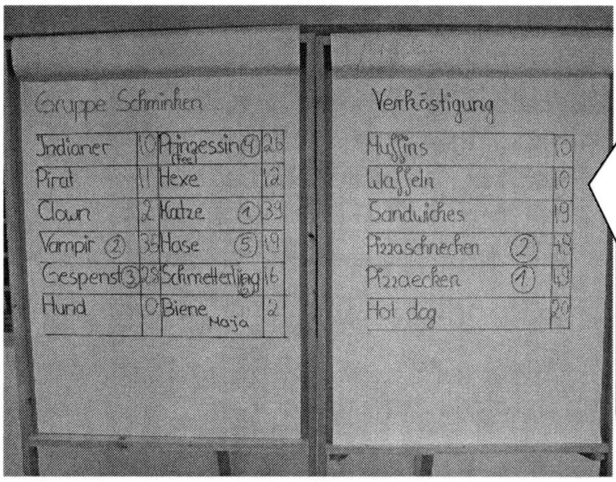

## UE 34: Wir befragen Experten

LM

### Lerninhalte

- Notwendigkeit der Expertenbefragung
- Wert der Expertenbefragung erkennen
- Regeln für die Expertenbefragung erarbeiten
- Expertenbefragung simulieren und üben
- Expertenbefragung durchführen
- Sozialkompetenz einüben
- Eigene Erfahrungen machen

### Arbeitsmittel

- Schülerbuch, Seite 88 und 89
- AB 39
- Beispiele aus Zeitschriften „Experten beantworten Fragen"

**CD**
- AB_39, AB_39L
- TB_UE_34

### Unterrichtsverlauf

**Einstiegsmöglichkeiten**
- Text: Schülerbuch, Seite 88
- Bilder, Fotos, Berichte, Auswertungen von Expertenbefragungen

**Zielstellung**
Warum brauchen wir das Wissen eines Experten?

**Erarbeitung**
Die Erarbeitung erfolgt in folgenden Schritten:
1. Was ist eine Expertenbefragung?
2. Warum machen wir eine Expertenbefragung?
3. Wie führen wir die Expertenbefragung durch?
4. Wie bereiten wir uns auf das Expertengespräch vor?
5. Wie werten wir die Ergebnisse aus?

In Zusammenarbeit der Fächer Arbeit-Wirtschaft-Technik, boZ Wirtschaft, boZ Soziales und Deutsch werden die Fragen zur Expertenbefragung erarbeitet. Dies kann durch arbeitsteilige oder arbeitsgleiche Gruppen- oder Partnerarbeit geschehen.

In arbeitsteiliger Gruppenarbeit kann/können
- im Deutschunterricht Interviewtechnik oder Befragung im Rollenspiel eingeübt werden;
- im AWT-Unterricht der Organisationsplan zum Ablauf der Befragung erstellt werden;
- im boZ Wirtschaft Auswertungslisten entworfen und gedruckt werden;
- im boZ Soziales oder im Klassenverband Präsentationsmöglichkeiten erarbeitet werden.

**Vertiefung**
- Bewertung des Expertengesprächs,
- „Manöverkritik", Verbesserungsvorschläge

### Tafelbild

**Unser Lernweg:**
**Ein Gespräch mit Experten führen**

**Warum befragen wir Experten?**
- Informationen vom Fachmann
- Ratschlag und Entscheidungshilfe
- Planungsgrundlage

**Wie führt man eine Expertenbefragung durch?**
1. Was wissen wir bereits zum Thema?
   Vorwissen sammeln, ordnen und aufschreiben
2. Wie sieht die Planung für unser Vorhaben aus?
   Wir erstellen eine vorläufige Planung für unser Vorhaben als Grundlage für das Expertengespräch.
3. Was wollen wir vom Experten zum Thema und zur Planung wissen?
   Wir formulieren unsere Fragen an den Experten.
4. Wir führen das Gespräch mit dem Experten.
5. Wir werten das Gespräch mit dem Experten aus und arbeiten die Ergebnisse in unser Vorhaben mit ein.

Name: ______________________ Klasse: ________ Blatt: ________

## Unser Lernweg: Ein Gespräch mit Experten führen

Kein Mensch kann alles wissen. Dafür gibt es Fachleute oder Experten, die einem weiterhelfen können. Damit eine Expertenbefragung das gewünschte Ergebnis bringt, müssen einige Regeln beachtet werden. Insbesondere müssen die Fragen so formuliert werden, dass der Experte oder die Expertin weiß, was ihr von ihm/ihr und seinem/ihrem Fachgebiet wissen wollt. Experten sind Fachleute, die sehr viel von ihrem Fachgebiet verstehen, aber vielleicht von eurer Idee keine Vorstellung haben. Deshalb ist es wichtig, eure Idee und Absicht klar zu formulieren und vorzustellen, so wie es die Klasse 7 mit ihrem Schminkstudio gemacht hat. Nur dann, wenn der Experte auch die Zusammenhänge kennt, kann er die richtigen Antworten und Ratschläge geben.

Ergänze die Übersicht.

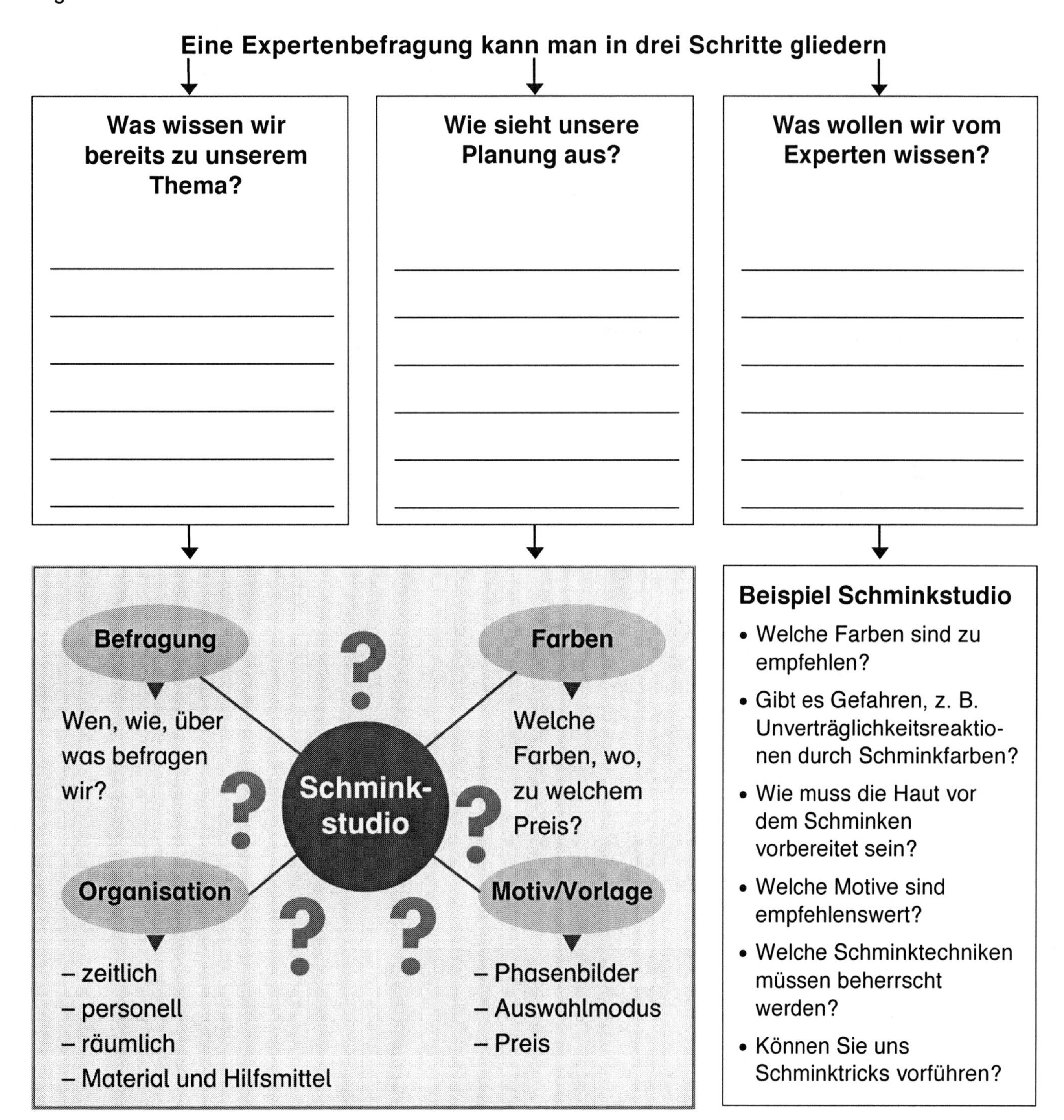

# UE 35: Wir arbeiten im Team

LM

## Lerninhalte

- Bedeutung der Teamarbeit
- Wert der Teamarbeit erkennen
- Regeln für die Teamarbeit erkennen und einüben
- Teambildungen ermöglichen und üben
- Sozialkompetenz Teamfähigkeit einüben
- Eigene Erfahrungen im Team machen

## Arbeitsmittel

- Schülerbuch, Seite 96
- AB 40
- Fächerübergreifende Organisationspläne mit Wirtschafts- und Sozialzweig abstimmen

**CD**
- AB_40, AB_40L
- TB_UE_35_1
- TB_UE_35_2

## Unterrichtsverlauf

### Einstiegsmöglichkeiten
- Text: Schülerbuch, Seite 96
- Bilder, Fotos von Teamarbeit aus Betrieben
- Einstiegsspiel: Schüler sollen im Team Puzzles zusammensetzen

### Zielstellung
Teamarbeit und Teamfähigkeit sind Voraussetzungen für viele Berufe und unser Projekt

### Erarbeitung
In Zusammenarbeit des Faches Arbeit – Wirtschaft – Technik mit boZ Wirtschaft und boZ Soziales können für die Projektarbeit die wichtigsten Regeln für die Teamarbeit erarbeitet und ausprobiert werden.

Dies geschieht anhand der folgenden drei Schritte:
1. Was bedeutet Teamarbeit? (Tafelbild 1)
2. Wann gelingt Teamarbeit?
3. Teamarbeit funktioniert, wenn (Tafelbild 2)

### Vertiefung
- Üben in Rollenspielen mit Bebachtern
- Üben an einem Musterbeispiel im Fachunterricht
- Anwenden im Projekt

## Tafelbild 1

**Unser Lernweg:**
**Wir arbeiten im Team**

**Was bedeutet Teamarbeit?**
- Arbeiten in der Gruppe
- Gemeinsames Ziel
- Gemeinsame Planung
- Gemeinsames Arbeiten
- Gemeinsame Verantwortung
- Gemeinsamer Erfolg

**Wann gelingt Teamarbeit?**
- Jeder übernimmt bestimmte Aufgaben und gibt sein bestes.
- Jeder ist für seine Arbeit voll verantwortlich.
- Alle Teammitglieder sehen ihre Arbeit als Gemeinschaftsleistung.

## Tafelbild 2

**Teamarbeit funktioniert,**
**wenn ...**

- Ziele und Regeln klar definiert sind.
- alle Gruppenmitglieder gleichberechtigt sind.
- Aufgaben an alle gerecht verteilt sind.
- der Zeitplan feststeht.
- die Arbeitsplätze festgelegt sind.
- die Arbeitsaufträge schriftlich verteilt sind.
- die Rollen im Team verteilt sind (z.B. Gruppensprecher, Protokollführer, Regelwächter usw.).
- vor Beginn nochmals Arbeits- und Organisationsplan durchgesprochen werden.
- ein fairer Umgangston herrscht (Zuhören, Sprache, Verhalten, Diskutieren, Entscheiden).
- Konflikte gemeinsam sachlich diskutiert und gelöst werden.
- die Teamarbeit am Ende offen und ehrlich bewertet wird.

Name: ______________________ Klasse: ________ Blatt: ________

## Unser Lernweg: Wir arbeiten im Team

Arbeiten im Team oder Arbeiten in der Gruppe ist eine der Qualifikationen, die du für die spätere Arbeit im Beruf brauchst. Teamarbeit bedeutet, dass die Arbeit und ihre Organisation auf ein Team von Mitarbeitern verteilt wird. Diese Teammitglieder teilen sich die anfallenden Arbeiten nach ihren Fähigkeiten, d. h.: Jedes Teammitglied ist für einen bestimmten Arbeitsbereich oder Arbeitsvorgang verantwortlich, den es besonders gut kann oder eine besondere fachliche Qualifikation dazu hat, kurz gesagt: Nicht jeder kann alles gleich gut und ist auf jedem Gebiet ein Fachmann. Der Vorteil der Teamarbeit besteht darin, dass diese Einzelqualifikationen dann zum gemeinsamen Gesamt- oder Arbeitsergebnis führen. Damit Teamarbeit funktioniert, sind neben der Einzelqualifikation bestimmte Regeln die Voraussetzung, an die sich jedes Mitglied der Gruppe, des Teams zu halten hat..

Setze die Regeln für Teamarbeit ein.

| Teamarbeit funktioniert, wenn |
|---|
| • ______________________ |
| • ______________________ |
| • ______________________ |
| • ______________________ |
| • ______________________ |
| • ______________________ |
| • ______________________<br>______________________ |
| • ______________________<br>______________________ |
| • ______________________<br>______________________ |
| • ______________________ |
| • ______________________ |

# UE 36: Wie senken wir die Produktionskosten?

## Lerninhalte

- Möglichkeiten der Kostensenkung bei den Produktions- oder Dienstleistungskosten diskutieren und im eigenen Projekt anwenden
- Erkennen, dass wirtschaftlicher Einkauf, rationelles Arbeiten und eine fundierte Finanzierung zum Erfolg des „Unternehmens" beitragen
- Im eigenen Handeln, z. B. beim Preise vergleichen, bei Befragungen von Experten erkennen, dass sich Produktionskosten sparen lassen
- Erkennen, dass Arbeitsteilung, Spezialisierung und Können der Mitarbeiter im „Unternehmen Projekt" die Qualität der Produktion und der Produkte steigern

## Arbeitsmittel

- Schülerbuch, Seite 87, 92, 94
- AB 41

### CD
- AB_41, AB_41L
- TB_UE_36

## Unterrichtsverlauf

### Einstiegsmöglichkeiten
- Text: Schülerbuch, Seite 87, 92, 94
- Meldungen aus der Wirtschaft zu Verkaufserfolgen oder auch Verkaufsflops, Sonderangeboten, Sonderverkäufen usw.
- Viele Erfindungen werden nicht für den Markt produziert, warum? (Zeitungsbericht von der Erfindermesse mit Beispielen)

### Zielstellung
Produktionskosten senken – aber wie?

### Erarbeitung
- In den im Tafelbild dargelegten Schritten können in arbeitsteiligen oder arbeitsgleichen Gruppen, bzw. in Partnerarbeit die einzelnen Kriterien erarbeitet werden.
- Die Erarbeitung kann anhand des eigenen Projektes oder auch in Anlehnung an das Projekt im Schülerbuch erfolgen. Die Arbeitsaufträge auf den angegebenen Seiten können eine Hilfe dazu sein.
- Schülerbericht, Schülervortrag und die optische Darstellung und Präsentation der Erkundungs- bzw. der Erarbeitungsergebnisse sollen besonders die Teamarbeit als Unterrichtsprinzip beim Projekt fördern und üben.

### Vertiefung
- Gespräch mit Betriebsinhabern in der Schule zu diesen Inhalten
- Wandzeitungen zu den einzelnen Bereichen erstellen

## Tafelbild

**Wie senken wir die Produktionskosten?**

**Wir kaufen wirtschaftlich ein**
- Günstige Einkaufsquellen
- Preisvergleiche
- Sonderangebote
- Lieferbedingungen
- Zahlungsbedingungen
- ...
- ...

**Wir arbeiten rationell**
- Spezialisten
- Prototypen
- Arbeitszerlegung
- Maschineneinsatz
- ...
- ...

**Wir finanzieren kostengünstig**
- Eigenkapital
- Möglichkeiten der Fremdfinanzierung
- Vergleich von Finanzierungsangeboten
- ...

Name: ______________________ Klasse: ________ Blatt: ________

# Wie senken wir die Produktionskosten?

**1** Ergänze die jeweilige Übersicht.

## 1. Wir kaufen wirtschaftlich ein

- ______________________
- ______________________
- ______________________
- ______________________
- ______________________

## 2. Wir arbeiten rationell

- ______________________
- ______________________
- ______________________
- ______________________
- ______________________
- ______________________
- ______________________

## 3. Wir finanzieren kostengünstig

- ______________________
- ______________________
  ______________________
- ______________________
  ______________________
- ______________________

**2** Formuliere einen Merksatz.

**Merke** ______________________

______________________

______________________

______________________

# UE 37: Verbraucherschutz – Recht und Gesetz

## Lerninhalte

- Erkennen, dass Verbraucherschutzgesetze den Käufer von Produkten und Dienstleistungen schützen
- Erkennen, dass Verbraucherschutz eine Aufgabe des Staates ist
- Wissen, dass Verbraucherzentralen Beratungsstellen für die Konsumenten sind
- Gesetzliche Bestimmungen zum Verbraucherschutz aufzählen und an Beispielen erklären können

## Arbeitsmittel

- Schülerbuch, Seite 86
- AB 42
- Gesetzestexte
- Broschüren von Verbraucherorganisationen

### CD
- AB_42, AB_42L
- TB_UE_37

## Unterrichtsverlauf

## Einstiegsmöglichkeiten

- Text: Schülerbuch, Seite 86
- Meldungen aus der Wirtschaft zu Lebensmittelskandalen oder ähnlichen Vorfällen
- Fallbeispiele zum Verbraucherschutz

### Zielstellung
- Warum müssen die Verbraucher geschützt werden?
- Wir untersuchen eine Mogelpackung

### Erarbeitung
- In den im Tafelbild dargelegten Schritten können in arbeitsteiligen oder arbeitsgleichen Gruppen, bzw. in Partnerarbeit die einzelnen Kriterien erarbeitet werden.
- Anhand von Mogelpackungen Kriterien für den Verbraucherschutz erarbeiten
- Die Erarbeitung kann anhand des eigenen Projektes oder auch in Anlehnung an das Projekt im Schülerbuch erfolgen. Die Arbeitsaufträge auf der angegebenen Seite können eine Hilfe dazu sein.
- Schülerbericht, Schülervortrag und die optische Darstellung und Präsentation der Erkundungs- bzw. der Erarbeitungsergebnisse sollen besonders die Teamarbeit als Unterrichtsprinzip beim Projekt fördern und üben.

### Vertiefung
- Gespräch mit Betriebsinhabern in der Schule zum Verbraucherschutz, z. B. Metzger, Bäcker
- Wandzeitungen zum Thema erstellen
- Möglichkeit einer schulhausinternen Ausstellung erörtern

## Tafelbild

**Verbraucherschutz – Recht und Gesetz**

**1. Warum Verbraucherschutz?**
- Schadstoffe in Lebensmitteln, Kleidungsstücken, Kinderspielzeug usw.
- Recht auf einwandfreie gesunde Produkte
- Recht auf Qualität
- Recht auf Produktinformation

**2. Verbraucherschutzmaßnahmen**

**Verbraucherschutzgesetze**
- Lebensmittelgesetz
- Bundesseuchengesetz
- Eichgesetz
- Kennzeichnungspflicht
- Auszeichnungspflicht
- Haftungspflicht

**Produktkennzeichnung**
- Grundpreis/Endpreis
- Füllmenge/Mengenangabe
- Zutatenliste
- Zusatzstoffe
- Haltbarkeitsdatum
- Herstellerangaben
- Hinweise auf Ort der Herstellung, ökologischen Anbau, genveränderte Pflanzen, Prüfzeichen usw.

**3. Wo und wie informiere ich mich als Verbraucher?**
- Verbraucherzentralen
- Fachzeitschriften wie Ökotest, Stiftung Warentest usw.
- Internet und Fernsehsendungen
- Genaues Lesen der Beschreibungen, z. B. bei verpackten Lebensmitteln oder bei Kleidung
- Information über die verwendeten Materialien und wo sie hergestellt wurden

Name: ______________________ Klasse: ________ Blatt: ________

# Verbraucherschutz – Recht und Gesetz

Wer Produkte oder Dienstleistungen verkaufen will, muss sich an Vorschriften und Gesetze halten, die der Staat zum Schutz der Verbraucher erlassen hat.

**1** Erläutere, warum Verbraucherschutz wichtig ist.

- ______________________
- ______________________
- ______________________
- ______________________
- ______________________

**2** Nenne die wichtigsten Verbraucherschutzmaßnahmen.

- ______________________
- ______________________

**3** Zur Produktkennzeichnung zählen z. B. folgende Angaben:

- Grundpreis/Endpreis
- Füllmenge/Mengenangabe
- Zutatenliste
- Zusatzstoffe
- Haltbarkeitsdatum
- Herstellerangaben
- Hinweise auf Ort der Herstellung, ökologischen Anbau, genveränderte Pflanzen, Prüfzeichen

In der nebenstehenden Grafik siehst du die neue Kennzeichnungspflicht für Lebensmittel, die ab 2014 für die EU-Länder gilt. Besonders Dickmacher wie z. B. Fett, Zucker und Kohlenhydrate kann der Konsument schnell anhand der Angaben erkennen. Zusätzliche Angaben beschreiben, woraus das Produkt hergestellt ist, z. B. dass Analog-Käse kein echter Käse, sondern ein Lebensmittelimitat ist.

## Neue Lebensmittel-Kennzeichnung

**Beschluss der EU-Verbraucherschutzminister**

**Beispiel Schokoriegel**

| | Kalorien | Eiweiß | Kohlen-hydrate | Zucker | Fett | gesätt. Fett-säuren | Salz |
|---|---|---|---|---|---|---|---|
| Pflichtangaben (100 g enthalten:) | 455 kcal | 3,3 g | 70,4 g | 61,4 g | 17,7 g | 10,2 g | 0,16 g |
| freiwillige Angaben (der empfohlenen Tageszufuhr eines Erwachsenen) | 22,75 % | 6,6 % | 34 % | 68,2 % | 25 % | 51 % | 6,6 % |

**Zusätzliche Kennzeichnung für**

- Analog-Käse: „Käse aus Pflanzenfett"
- Schinken-Imitate: „Schinken aus Formfleisch"
- Fleisch: Herkunftsland (Ort der Verpackung)
- koffeinhaltige Produkte: „Nicht zu empfehlen für Kinder oder Schwangere"
- Nano-Partikel

Ausgenommen von der Nährwert-Kennzeichnungspflicht sind alkoholische Getränke und unverpackte Ware wie Eier, auf Allergene muss auch hier hingewiesen werden.

Quelle: EU, Mars

dpa•13850

**4** Wo und wie informiere ich mich als Verbraucher? Nenne Möglichkeiten.

- ______________________

  ______________________
- ______________________

  ______________________

  ______________________

# UE 38: Wirtschaften für einen Markt

Diese Unterrichtsstunde ist zur Wiederholung und Zusammenfassung der wichtigsten Lerninhalte als Grundwissen gemäß Lehrplan gedacht. Die Schüler sollen die folgenden Lerninhalte nochmals wiederholen, sie anhand der Beispiele und Erfahrungen aus dem Projekt mit eigenen Worten erklären und die wichtigsten Marktregeln formulieren.

## Lerninhalte

- Grundsätze wirtschaftlichen Handelns kennenlernen
- Wissen, dass sich wirtschaftliches Handeln am Markt orientieren muss
- Wissen, dass der Markt Treffpunkt von Käufer und Produzent ist
- Erkennen, dass Angebot und Nachfrage wesentlich die Produktion von Gütern und Dienstleistungen bestimmen
- Wissen, dass Marketing wesentlich zum Verkaufserfolg beiträgt
- Marketingmaßnahmen aufzählen und erklären können

## Arbeitsmittel

- Schülerbuch, Seite 77–104, 127
- AB 43

### CD
- AB_43, AB_43L
- TB_UE_38

## Unterrichtsverlauf

### Einstiegsmöglichkeiten
- Texte aus dem Schülerbuch
- Meldungen aus der Wirtschaft zu Verkaufserfolgen oder auch Verkaufsflops, Sonderangeboten, Sonderverkäufen usw.
- Viele Erfindungen werden nicht für den Markt produziert, warum? (Zeitungsbericht von der Erfindermesse mit Beispielen)

### Zielstellung
- Was bedeutet „Wirtschaften für einen Markt“?
- Warum war unser Projekt wirtschaftlich erfolgreich?

### Erarbeitung
Sie könnte in folgenden Schritten anhand der eigenen Projekterfahrungen erfolgen:
- Begriff „Markt“ anhand von Beispielen erarbeiten
- Zusammenhang Bedürfnisse und Wünsche der Verbraucher und Marktgeschehen anhand von Beispielen erklären
- Zusammenhang Angebot und Nachfrage darstellen
- Regeln für den Produzenten von Waren und Dienstleistungen aufstellen
- Marketingmaßnahmen beschreiben
- Gewinn oder Verlust anhand des Projekts analysieren

### Vertiefung
- Neue Verkaufsprojekte planen
- Erfahrungen von Betrieben mit einbeziehen
- Fachleute in den Unterricht einladen ...

## Tafelbild

**Marktwirtschaftliches Handeln**

**Markt**
- Treffpunkt von Angebot und Nachfrage

**Produktion**
- erfolgt nach betriebswirtschaftlichen Grundsätzen und der Orientierung am Markt.

**Produzent**
- Marketing
- Finanzierung
- Wirtschaftlichkeit
- Herstellung rationell
- Preiskalkulation
- Absatzwege

**Marketing**
- Marktforschung
- Produktgestaltung
- Produktpräsentation
- Produktwerbung
- Produktpreis

**Merke:**
Betriebswirtschaftliches Handeln entscheidet über Umsatz, Gewinn oder Verlust.

Name: ______________________ Klasse: ________ Blatt: ________

## Wirtschaften für einen Markt

Ergänze die Übersicht.

**Wirtschaften für einen Markt bedeutet:**

| ↓ | ↓ |
|---|---|
| ______________________<br>______________________ | ______________________<br>______________________ |
| ↓ | ↓ |
| ______________________<br>______________________<br>______________________<br>______________________ | ______________________<br>______________________<br>______________________<br>______________________ |
| ↓ | ↓ |
| **Der Produzent muss:**<br>• ______________________<br>• ______________________<br>• ______________________<br>• ______________________<br>• ______________________<br>• ______________________<br>• ______________________<br>• ______________________<br>• ______________________<br>______________________<br>______________________ | **Marketing sind alle Maßnahmen des Anbieters, um den Verkaufserfolg zu sichern und zu steigern.**<br>• **Marktforschung:**<br>______________________<br>• **Produktgestaltung:**<br>______________________<br>• **Produktpräsentation:**<br>______________________<br>• **Produktwerbung:**<br>______________________<br>• **Produktpreis**:<br>______________________ |

**Merke**

**Betriebswirtschaftliches Handeln** ______________________

______________________

# UE 39: Umsatz – Gewinn – Verlust

## Lerninhalte

- Zusammenhang Umsatz – Gewinn – Verlust erklären können
- Wissen, dass Betriebe gesetzlich zur Buchführung verpflichtet sind
- Wissen, dass Betriebe eine Bilanz erstellen müssen
- Erkennen, dass eine gewissenhafte Buchführung über Gewinn bzw. Verlust mit entscheidend sein kann
- Umsatz-, Gewinn-, Verlust-Rechnung erstellen können

## Arbeitsmittel

- Schülerbuch, Seite 99
- AB 44
- Betriebsbilanzen

### CD
- AB_44
- TB_UE_39

## Unterrichtsverlauf

### Einstiegsmöglichkeiten
- Bilanz eines Betriebes
- Text aus dem Schülerbuch

### Zielstellung
- Haben wir gut gewirtschaftet?
- Gewinn oder Verlust?

### Erarbeitung
- Die Erarbeitung kann entsprechend dem Tafelbild in folgenden Schritten erfolgen:
  1. Wir berechnen unseren Umsatz.
  2. Wir berechnen unsere Ausgaben.
  3. Wir stellen Einnahmen und Ausgaben gegenüber und berechnen Gewinn oder Verlust.
  4. Wir präsentieren unsere Bilanz.
- Die Schritte 1–3 können in arbeitsteiligen Gruppen entsprechend der Projektplanung und Projektdurchführung erfolgen.
- Der Schritt 4 bietet sich für arbeitsgleiche Gruppen an, die verschiedene Möglichkeiten einer Wandzeitung oder einer Präsentation in Form eines Referates entwerfen.
- Selbstbewertung durchführen

### Vertiefung
- Erarbeiten der Verbesserungsvorschläge
- Erarbeiten eines Fragebogens für die Kundenzufriedenheit
- Beruf Bilanzbuchhalter/-in vorstellen, evtl. durch Gespräch mit Experten

## Tafelbild

**Umsatz – Gewinn – Verlust**

**1. Wir berechnen unseren Umsatz**
- Einnahmen aus dem Verkauf
- Trinkgelder
- Spenden

**2. Wir berechnen unsere Ausgaben**
- Materialkosten
- Werbungskosten
- Herstellungskosten
- Sonstige Kosten

**3. Wir erstellen eine Gewinn-Verlust-Rechnung**
- Einnahmen und Ausgaben in Tabelle eintragen
- Unterschied ausrechnen
- Gewinn bzw. Verlust ausweisen

**4. Wir präsentieren unsere Bilanz**
- Dokumentation als Wandzeitung oder Referat
- Verlauf des Projekts
- Fehleranalyse
- Verbesserungsvorschläge

Name: ______________________ Klasse: ________ Blatt: ________

# Umsatz – Gewinn – Verlust

Anhand einer Gewinn-Verlust-Rechnung kann man sehen, ob ein Betrieb wirtschaftlich arbeitet. Die Gewinn oder Verlustrechnung kann für ein Produkt, eine Dienstleistung oder für den ganzen Betrieb ermittelt werden. Es wird „Bilanz" gezogen, inwieweit mit Verlust oder Gewinn gearbeitet wurde. Bilanzen werden je nach Betrieb, Produkt oder Dienstleistung auch als Wochen-, Monats-, Vierteljahres- oder Jahresbilanz erstellt. Dazu vergleicht man alle Einnahmen und Ausgaben. Sind die Ausgaben höher als die Einnahmen, entsteht ein Verlust. Sind die Einnahmen höher als die Ausgaben, hat man gewinnbringend gearbeitet.

Ergänze die Übersicht für euer aktuelles Projekt.

## Gewinn- und Verlustrechnung für unser Projekt

### a) Wir berechnen unseren Umsatz

- Einnahmen aus dem Verkauf: ______________________ €
- Trinkgelder:........................ ______________________ €
- Spenden:........................... ______________________ €
- Sonstige Einnahmen:............ ______________________ €
- **Gesamte Einnahmen:**......... ______________________ €

### b) Wir berechnen unsere Ausgaben

- Materialkosten:................... ______________________ €
- Werbungskosten:................ ______________________ €
- Herstellungskosten:............. ______________________ €
- Sonstige Kosten:................ ______________________ €
- **Gesamte Ausgaben:**......... ______________________ €

### c) Unsere Gewinn-Verlust-Rechnung

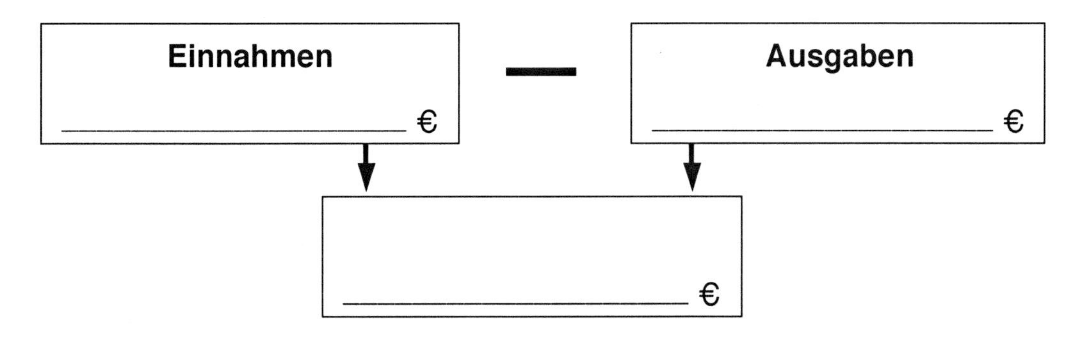


**Wir haben einen** ______________________ **erwirtschaftet.** (Gewinn?/Verlust?)

# UE 40: Technik im Wandel der Zeit

## Lerninhalte

- Erkennen, dass die fortschreitende technische Entwicklung den Arbeitsplatz „Haushalt“ grundlegend verändert hat
- Unterscheiden können zwischen Haustechnik und Haushaltstechnik
- Erkennen, dass der technische Fortschritt für die Haushalte an Bedeutung gewinnt

## Arbeitsmittel

- Schülerbuch, Seite 106
- AB 45
- Filmmaterial zum technischen Fortschritt im Haushalt
- Internetrecherche

### CD
- AB_45, AB_45L
- TB_UE_40

## Unterrichtsverlauf

### Einstiegsmöglichkeiten
- Text: Schülerbuch, Seite 106
- Geschichtlicher Vergleich Hausarbeit früher und heute, z. B. Bilder, Texte
- Film über modernste Haushaltstechnik

### Zielstellung
- Technisierung im Haushalt
- Technischer Wandel im Haushalt
- Arbeitsplatz Haushalt früher und heute
- Technik im Haushalt – eine Erleichterung?

### Erarbeitung
- In den im Tafelbild dargelegten Schritten können in arbeitsteiligen oder arbeitsgleichen Gruppen, bzw. in Partnerarbeit die einzelnen Kriterien erarbeitet werden.
- Die Erarbeitung kann auch anhand eines Fallbeispieles gemäß den oben angegebenen Einstiegsmöglichkeiten erfolgen.
- Arbeitsauftrag 2, Seite 106 aus dem Schülerbuch in Form von Mind Maps oder Wandzeitung in Gruppenarbeit erstellen
- Arbeitsplatzmerkmale Arbeitsplatz Haushalt früher und heute in einer Tabelle gegenüberstellen
- Unterscheiden von Haustechnik und Haushaltstechnik: Haustechnik umfasst alle technischen Einrichtungen und Geräte für die Versorgung des Hauses mit Wasser, Strom und Energie. Haushaltstechnik umfasst alle technischen Geräte für den Arbeitsplatz Haushalt.

### Vertiefung
- Wandzeitungen zum Thema erstellen
- Arbeitsaufgabe 3 aus dem Schülerbuch, Seite 106

## Tafelbild

**Technisierung im Haushalt**

**1. Arbeitsplatz Haushalt früher und heute**

| Früher | Heute |
|---|---|
| Handarbeit<br>z. B. kein fließendes Wasser, Wäsche waschen, Holzofen, Teig kneten … | Bedienarbeit<br>z. B. Wasserversorgung, Waschmaschine, elektrischer Ofen, Teigknetmaschine … |

**2. Haustechnik und Haushaltstechnik**

**Haustechnik:**
- Trink- und Abwasserversorgung
- Elektrische Energie für Geräte
- Verschiedene Heizungsenergieträger
- Moderne pflegeleichte Materialien

**Haushaltstechnik:**
- Essenszubereitung
- Lebensmittelkonservierung
- Reinigung- und Pflegearbeiten anhand von Maschinenunterstützung

**Merke:**
Die Technik im Haushalt hat den Arbeitsplatz Haushalt wesentlich verändert. Haustechnik umfasst alle technischen Einrichtungen und Geräte für die Versorgung des Hauses mit Wasser, Strom und Energie. Haushaltstechnik umfasst alle technischen Geräte für den Arbeitsplatz Haushalt.

Name: ______________________ Klasse: ________ Blatt: ________

# Technisierung im Haushalt

**1** Arbeitsplatz Haushalt früher und heute: Ergänze mit Beispielen.

| Früher Handarbeit, z. B. | Heute Bedienarbeit, z. B. |
|---|---|
| ______________________ | ______________________ |
| ______________________ | ______________________ |
| ______________________ | ______________________ |
| ______________________ | ______________________ |

**2** Haustechnik und Haushaltstechnik: Ergänze mit Beispielen.

**Haustechnik:**

- ______________________
- ______________________
- ______________________
- ______________________
- ______________________
- ______________________

**Haushaltstechnik:**

- ______________________
- ______________________
- ______________________
  ______________________
- ______________________
- ______________________
- ______________________

**Merke**

______________________
______________________
______________________
______________________
______________________

# UE 41: Technikeinsatz im Haushalt

## Lerninhalte

- Sich bewusst machen, dass in einem Haushalt viele technische Geräte fast täglich gebraucht bzw. benutzt werden
- Erkennen, dass in der heutigen Zeit ein Haushalt ohne Technik kaum funktioniert
- Erkennen, welche Zusammenhänge zwischen der Haushaltsarbeit, dem Leben im Haushalt und der technischen Unterstützung bestehen

### Arbeitsmittel
- Schülerbuch, Seite 108 und 109
- AB 46
- Filmmaterial zum Thema

### CD
- AB_46, AB_46L
- TB_UE_41

## Unterrichtsverlauf

### Einstiegsmöglichkeiten
- Text: Schülerbuch, Seite 108 und 109
- Fallbeispiel: Frau Schmidts Mikrowellenwunsch
- Filmmaterial zum Thema

### Zielstellung
- Technikeinsatz im Haushalt
- Warum möchte Frau Schmidt eine Mikrowelle?

### Erarbeitung
- In den im Tafelbild dargelegten Schritten können in arbeitsteiligen oder arbeitsgleichen Gruppen, bzw. in Partnerarbeit die einzelnen Kriterien erarbeitet werden.
- Die Erarbeitung kann auch anhand eines Fallbeispieles gemäß den oben angegebenen Einstiegsmöglichkeiten erfolgen.
- Die Schüler sollen die Auflistung der technischen Geräte vervollständigen und über deren Notwendigkeit (sinnvoll, nicht nötig, Luxus) diskutieren.
- Gemäß der grafischen Darstellung Seite 109 aus dem Schülerbuch soll den Schülern bewusst werden, wie viel, wie lange und wie oft technische Geräte im Haushalt benutzt werden. Dazu sollen sie nach dem Schema auf Seite 109 und Arbeitsaufgabe 2 eine Übersicht über ihren eigenen Haushalt anfertigen.
- Das Bewusstmachen, dass manche Haushaltsgeräte für bestimmte Haushalte notwendig und sinnvoll sind, kann am Beispiel der Familie Schmidt erarbeitet werden.

### Vertiefung
- Wandzeitungen zum Thema erstellen
- Kritisches Hinterfragen der Notwenigkeit eigener Haushaltsgeräte

## Tafelbild

**Technikeinsatz im Haushalt**

**1. Welche technischen Geräte finden sich in einem Haushalt?**
- Küche: Herd, Kühlschrank, Mikrowelle ...
- Wohnzimmer: Fernsehgerät, Videorekorder ...
- Arbeitszimmer: Computer, Beleuchtung ...
- Kinderzimmer: Stereoanlage, Computer ...
- Schlafzimmer: Beleuchtung, Radio ...
- Keller: Heizung, Waschmaschine, Versorgungsanschlüsse für Strom, Gas ...

**2. Technikeinsatz im Alltag**
- Welche Geräte verwenden wir täglich?
- Wie lange verwenden wir diese Geräte?
- Welche Geräte sind unbedingt nötig?

**3. Beispiel Mikrowelleneinsatz bei Familie Schmidt**
- Warum möchte Frau Schmidt eine Mikrowelle?
- Was kann die Mikrowelle?
- Was kann die Mikrowelle nicht?

**Merke:**
Technische Geräte im Haushalt gibt es für fast jeden Zweck und jede anfallende Arbeit. Viele dieser Geräte sind sinnvoll, notwendig und bringen Vorteile. Manche Geräte allerdings sind Luxus, und mit Handarbeit ist man oft schneller am Ziel.

Name: ________________ Klasse: ______ Blatt: ______

# Technikeinsatz im Haushalt

**1** Welche technischen Geräte finden sich in einem Haushalt? Ergänze mögliche Haushaltsgeräte.

- **Küche:** ____________________
- **Wohnzimmer:** ____________________
- **Arbeitszimmer:** ____________________
- **Kinderzimmer:** ____________________
- **Schlafzimmer:** ____________________
- **Keller:** ____________________

**2** Technikeinsatz im Alltag: Beantworte diese Fragen auf einem Extrablatt (Arbeitsaufgabe 2 Schülerbuch, Seite 109).

- Welche Geräte verwenden wir täglich?
- Wie lange verwenden wir diese Geräte?
- Welche Geräte sind unbedingt nötig?

**3** Beispiel: Mikrowelleneinsatz bei Familie Schmidt. Beantworte folgende Fragen:

- Warum möchte Frau Schmidt eine Mikrowelle?
- Was kann die Mikrowelle?
- Was kann die Mikrowelle nicht?

Frau Schmidt ist halbtags berufstätig. Sie kommt mit ihren beiden Kindern am Mittag gleichzeitig nach Hause. Auch ihr Mann, der eine Stunde Mittagspause hat, kommt meistens zum Mittagessen. Natürlich haben alle einen Riesenhunger. Doch es dauert seine Zeit, bis das Essen auf dem Tisch steht. Und dann geht es hoppla hopp, denn Herr Schmidt muss wieder zur Arbeit.

Eine Mikrowelle wäre das Beste. Bis der Tisch aufgedeckt wird, wäre die Suppe bereits heiß. Während wir die Suppe essen, würde das Hauptgericht erwärmt. Wir könnten uns gemeinsam mehr Zeit zum Essen lassen. Außerdem kostet es weniger Strom als das Erwärmen auf dem Herd.

**Merke**

____________________

____________________

____________________

____________________

# UE 42: Wie viel Technik im Haushalt muss sein?

## Lerninhalte

- Erkennen, dass Technik im Haushalt zum allgemeinen Lebensstandard gehört
- Erkennen, dass die Anschaffung von technischen Haushaltsgeräten dem jeweiligen Haushalt entsprechen sollte
- Überlegen und begründen, welche Gesichtspunkte für den Kauf eines Haushaltsgerätes entscheidend sein sollten
- Erkennen, dass ein Haushalt auch übertechnisiert sein kann
- Erkennen, dass elektrische Haushaltsgeräte auch elektrische Energie verbrauchen

### Arbeitsmittel

- Schülerbuch, Seite 110
- AB 47
- Internetrecherche

### CD

- AB_47, AB_47L
- TB_UE_42

## Unterrichtsverlauf

### Einstiegsmöglichkeiten

- Text: Schülerbuch, Seite 110
- Fallbeispiel Familie Hausner vom Arbeitsblatt
- Beispiele aus dem täglichen Leben (Rasenmähertraktor bei 300 m² Rasenfläche usw.)

### Zielstellung

- Wie viel Technik im Haushalt muss sein?
- Technik pur rund um die Uhr?

### Erarbeitung

- In den im Tafelbild dargelegten Schritten können in arbeitsteiligen oder arbeitsgleichen Gruppen, bzw. in Partnerarbeit die einzelnen Kriterien erarbeitet werden.
- Die Erarbeitung kann auch anhand eines Fallbeispieles gemäß den oben angegebenen Einstiegsmöglichkeiten erfolgen.
- Gemäß Arbeitsauftrag 1 vom Arbeitsblatt, bzw. Arbeitsauftrag 1 aus dem Schülerbuch, Seite 110 können die Fragen in Form von Mind Maps in Gruppenarbeit/Partnerarbeit bearbeitet und dargestellt werden.
- Das Bewusstmachen, dass der Technikeinsatz sich rechnen muss, kann anhand von Beispielen leicht dargestellt und erarbeitet werden.
- Anhand der Frage 3 des Tafelbildes sollten die Entscheidungen für oder gegen ein technisches Haushaltsgerät am Beispiel Vierpersonenhaushalt begründet werden.

### Vertiefung

- Wandzeitungen zum Thema erstellen
- Collage zur Familie Hausner mit provokanter Überschrift

## Tafelbild

**Technik pur rund um die Uhr**

1. **Die Haushaltsgeräte der Familie Hausner**
   Familie Hausner hat so ziemlich alle Haushaltsgeräte, die es auf dem Markt gibt.
   Bearbeite die Frage 1 vom Arbeitsblatt.
2. **Welche Haushaltsgeräte sollte ein Vierpersonenhaushalt haben?**
   - Herd
   - Spülmaschine
   - Waschmaschine, Fernseher
   - ...
   - ...
3. **Welche Gesichtspunkte sollten die Anschaffung eines Haushaltsgerätes beeinflussen?**
   - Ist der Einsatz notwendig?
   - Ist der Einsatz wirtschaftlich?
   - Nützt er allen Haushaltsmitgliedern?
   - Kann sich der Haushalt die Anschaffung leisten?
   - Lohnt sich der Kauf auf Kredit?

**Merke:**
Die Technik im Haushalt erleichtert die Hausarbeit, sie nimmt sie uns aber nicht ab. Deswegen muss die Anschaffung eines Haushaltsgerätes wohl überlegt und sein Nutzen begründet sein.

Name: ______________________ Klasse: ________ Blatt: ________

# Wie viel Technik im Haushalt muss sein?

## Technik pur rund um die Uhr bei Familie Hausner

Das sind **Herr und Frau Hausner**. Beide sind ganztags berufstätig, essen unter der Woche in der Kantine und gehen sonntags meist zum Essen, damit Frau Hausner nicht kochen muss.

Sie wohnen in einem Reihenhäuschen mit 250 Quadratmeter Rasenfläche und zwei Obstbäumchen. **Beide sind stolz auf ihren hoch technisierten Haushalt:** Vollautomatischer Herd, Mikrowelle, Kleinbackofen, Holzbackofen, Eierkocher, Wasserkocher, Joghurtmaschine, Eismaschine, Kühlschrank, Kühltruhe, Brotschneidemaschine, Sägemesser, Geschirrspüler, Staubsauger, Waschmaschine, Toaster, Waffeleisen, Mixer, Wäschetrockner, Rasentraktor, Hochdruckreiniger, Tischstaubsauger, Kaffeemaschine, Espressomaschine, Küchenmaschine, Kartoffelreibe, Mineralwasserbereiter, Rasentrimmer, Laubsauger, Gartenhäcksler, Zahnbürste, Mundddusche, Schuhputzautomat, Minifernseher für die Küche, Handtuchtrockner, Lockenstab, Föhn, Massageheimgerät, Laufband, Bauchtrimmer, Autopoliermaschine, Trockenhaube, Rotlicht, Heizkissen, Terrassenheizer, Weckradio, zwei Fernseher, DVD-Player, Sauna, Bügelmaschine, Sonnenbank, Gesichtsbräuner usw.

**1** Wie denkt ihr über die Einstellung der Technikfreaks Hausner? Begründet eure Meinung.

**2** Welche Haushaltsgeräte sollte ein Vierpersonenhaushalt haben? Ergänze die Auflistung.

- Herd ______________________
- Spülmaschine ______________________
- Fernseher ______________________
- ______________________
- ______________________

**3** Welche Gesichtspunkte sollten die Anschaffung eines Haushaltsgerätes beeinflussen?

- ______________________
- ______________________
- ______________________
- ______________________
- ______________________

**Merke**

______________________

______________________

______________________

______________________

# UE 43: Wohin mit dem Elektroschrott?

## Lerninhalte

- Begriff „Elektroschrott“ anhand von Beispielen erklären und beschreiben können
- Erkennen, dass auch im Elektroschrott wertvolle Wertstoffe sind, die wieder verwendet werden können
- Erkennen, dass in elektrischen Geräten vielfach auch Schadstoffe verbaut sind, die fachgerecht entsorgt werden müssen
- Begreifen, dass Elektroschrott nicht einfach in den Haus- oder Restmüll entsorgt werden kann

## Arbeitsmittel

- Schülerbuch, Seite 112
- AB 48
- Fachzeitschriften
- Filmmaterial
- Internetrecherche

### CD
- AB_48, AB_48L
- TB_UE_43
- Foto: SB112_01

## Unterrichtsverlauf

### Einstiegsmöglichkeiten
- Text: Schülerbuch, Seite 112
- Zeitungsmeldung/Fotos zu Elektroschrottentsorgung in der Natur
- Merkblatt zur Entsorgung, das den neu gekauften Elektrogeräten beiliegt

### Zielstellung
- Warum gehört der alte Fernseher in den Wertstoffhof?
- Wohin mit dem Elektroschrott?
- Unsere Spülmaschine hat ausgedient!
- Mein Computer muss entsorgt werden

### Erarbeitung
- In den im Tafelbild dargelegten Schritten können in arbeitsteiligen oder arbeitsgleichen Gruppen, bzw. in Partnerarbeit die einzelnen Kriterien erarbeitet werden.
- Die Erarbeitung kann auch anhand eines Fallbeispieles gemäß den oben angegebenen Einstiegsmöglichkeiten erfolgen.
- Arbeitsauftrag 1, Seite 112 aus dem Schülerbuch in Gruppenarbeit erarbeiten und eine Präsentation anhand von Wandzeitungen, Mind Maps, Fotocollagen usw. in der Klasse vorstellen
- Bewusstsein schärfen, dass die die fachgerechte Entsorgung Mensch und Natur hilft, Aktion als Projekt an der Schule vorbereiten

### Vertiefung
- Wandzeitungen zum Thema erstellen
- Arbeitsaufgabe 3 aus dem Schülerbuch, Seite 112
- Einen Experten zu diesem Thema in den Unterricht bitten und befragen
- Betriebserkundung in einem Entsorgungsbetrieb

## Tafelbild

**Wohin mit dem Elektroschrott?**

**1. Welche Wertstoffe sind in Elektrogeräten verbaut?**
- Glas, Kunststoffe, ...
- Kupferkabel, ...
- Speicherchips, ...
- Schalter, Relais. Dioden
- Aluminium, Bleche, ...

**2. Welche Schadstoffe sind in Elektrogeräten verbaut?**
- Blei, Barium
- Leuchtstoffe, Gase, ...
- Flüssigkeiten, ...
- ...

**3. Wo wird der Elektroschrott fachgerecht entsorgt?**
- Fachgeschäft
- Wertstoffhof
- ...

**4. Warum muss die Entsorgung fachgerecht vorgenommen werden?**
- Gefahr für den Menschen
- Gefahr für die Umwelt
- Recycling der wertvollen Stoffe

**Merke:**
Für viele Sachgüter und Produkte im Haushalt werden wertvolle Rohstoffe zur Herstellung verwendet. In vielen Elektrogeräten sind besonders wertvolle Materialien, aber auch Schadstoffe verbaut. Deshalb müssen sie fachgerecht entsorgt werden.

Name: ______________________ Klasse: ________ Blatt: ________

# Wohin mit dem Elektroschrott?

Die meisten Elektro- und Elektronikgeräte bestehen aus einem Mix von Wertstoffen und gefährlichen Schadstoffen. Während die Wertstoffe, z. B. Aluminium, wieder verwendet werden können, müssen insbesondere gefährliche Schadstoffe, z. B. Barium, fachgerecht entsorgt werden.

Beantworte die Fragen 1 bis 4.

**1. Welche Wertstoffe sind in Elektrogeräten verbaut?**

- ______________________
- ______________________
- ______________________
- ______________________
- ______________________

**2. Welche Schadstoffe sind in Elektrogeräten verbaut?**

- ______________________
- ______________________
- ______________________

**3. Wo wird der Elektroschrott fachgerecht entsorgt?**

- ______________________
- ______________________
- ______________________

**4. Warum muss die Entsorgung fachgerecht vorgenommen werden?**

- ______________________
- ______________________
- ______________________

**Merke**

______________________

# UE 44: Energiekostenkosten senken – aber wie?

## Lerninhalte

- Erkennen, dass im Haushalt viel Energie insbesondere Strom, Gas und Öl verbraucht wird
- Begreifen, dass Energiesparen angesichts der sinkenden Energieressourcen Erdöl und Erdgas ein Gebot der Stunde ist
- Erkennen, dass auch im Haushalt viele Möglichkeiten der Energieeinsparung genutzt werden können
- Möglichkeiten der Energieeinsparung im eigenen Haushalt kennen

## Arbeitsmittel

- Schülerbuch, Seite 113 und 114
- AB 49
- Werbeprospekte von Haushaltsgeräten
- Betriebsanleitungen von elektrischen Geräten
- Internetrecherche

### CD
- AB_49, AB_49L
- TB_UE_44

## Unterrichtsverlauf

### Einstiegsmöglichkeiten
- Texte: Schülerbuch, Seite 113 und 114
- Statistik von steigenden Strom bzw. Energiekosten
- Bericht über das kommende Verbot sämtlicher alter Glühbirnen
- Statistik von abnehmenden Erdölvorräten

### Zielstellung
- Familie Meier braucht einen neuen Kühlschrank
- Wie kann man Stromkosten einsparen?

### Erarbeitung
- In den im Tafelbild dargelegten Schritten können in arbeitsteiligen oder arbeitsgleichen Gruppen, bzw. in Partnerarbeit die einzelnen Kriterien erarbeitet werden.
- Die Erarbeitung kann auch anhand eines Fallbeispieles, z. B. Energieverbrauch alter und neuer Kühlschrank erfolgen
- Grundkenntnisse des Stromverbrauchs aus PCB wiederholen: Formel für den Stromverbrauch: Stromverbrauch (Wh) = Leistung (W) x Betriebszeit (h)
- Energieverbrauchsberechnungen durchführen, z. B. Kühlschrank, Geschirrspüler, alte Glühbirne gegen Energiesparlampen usw.
- Funktion des Euro-Labels darstellen: Das Eurolabel ermöglicht dem Verbraucher eine schnelle Übersicht über die wichtigsten technischen Daten eines Haushaltsgerätes. Beispiel zum Euro-Label im Schülerbuch, Seite 113 besprechen, dazu auch Arbeitsauftrag 1, S. 113
- Stromverbrauch und Einsparmöglichkeiten im eigenen Haushalt erarbeiten gem. Arbeitsauftrag 3, Seite 113 und Arbeitsauftrag 1 und 2, Seite 114

### Vertiefung
- Wandzeitungen zum Thema erstellen
- Wie können wir an der Schule Energiekosten einsparen? (Projektarbeit im Verbund mit dem berufsorientierenden Zweig Technik)

## Tafelbild

**Energiekosten senken – ein Gebot der Stunde**

**1. Warum steigen die Energiekosten ständig an?**
- Verknappung der Erdöl- und Erdgasvorräte
- Mehr elektrische Geräte in den Haushalten
- ...

**2. Was ist bei der Neuanschaffung eines Haushaltsgerätes wichtig?**
- Geringer Energieverbrauch, z. B. Kühlschrank
- Geringer Wasserverbrauch, z. B. Waschmaschine, Geschirrspüler
- Kennzeichnung mit dem Euro-Label
- ...

**3. Einsparmöglichkeiten bei den Stromkosten**
- Austausch von „Energiefressern“
- Einsatz von Energiesparlampen
- Stand-by-Funktion spart keine Energie
- Volumen der Wasch- bzw. Geschirrspülmaschine ausnutzen
- Energiequellen vom Netz trennen
- ...

**Merke:**
Die Verknappung der Energieressourcen und die steigenden Energiekosten erfordern einen verantwortungsvollen Energieverbrauch.

Name: ____________ Klasse: ______ Blatt: ______

# Energiekosten senken – ein Gebot der Stunde

**1** Beantworte die Fragen 1 bis 3.

**1. Warum steigen die Energiekosten ständig an?**

- ____________
- ____________
- ____________
- ____________

**2. Was ist bei der Neuanschaffung eines Haushaltsgerätes wichtig?**

- ____________
- ____________
- ____________
- ____________
- ____________

**Energie**

Hersteller

Modell KSR30423

**Niedriger Verbrauch**

A B C D E F G — A

**Hoher Verbrauch**

Energieverbrauch kWh/Jahr 153

(Auf der Grundlage von Ergebnissen der Normprüfung über 24 h)

Der tatsächliche Verbrauch hängt von der Nutzung und vom Standort des Gerätes ab.

Nutzinhalt Kühlteil l 287

Nutzinhalt Gefrierteil l

Geräusch

dB(A) re 1 pW

Ein Datenblatt mit weiteren Geräteangaben ist in den Prospekten enthalten.

**3. Wo kann bei den Stromkosten gespart werden?**

- ____________
- ____________
- ____________
- ____________
- ____________
- ____________

## Beispiel Stromsparen in deinem Privatbereich

**2** Berechne die Stromkostenersparnis für ein Gerät, z. B. Fernseher oder Radiorekorder aus deinem Arbeitszimmer, wenn du es auf nicht auf Stand-by stehen lässt, sondern grundsätzlich vom Stromnetz trennst.

| | |
|---|---|
| Stand-by-Zeit Std./Tag | ______ |
| Stand-by-Watt/Std. | ______ |
| kWh pro Jahr | ______ |
| Kosten für 1 kWh | ______ |
| Kosten pro Jahr | ______ |

**Merke**

____________

____________

____________

____________

# UE 45: Die Technik hat die Arbeit im Haushalt verändert

## Lerninhalte

- Erkennen, dass technische Entwicklung und technischer Fortschritt die Arbeit im Haushalt verändert haben
- Erkennen, dass an die Stelle der Handarbeit im Haushalt mehr die Bedienarbeit getreten ist
- Wissen, wie man die Technik im Haushalt sinnvoll einsetzt

## Arbeitsmittel

- Schülerbuch, Seite 115 und 116
- AB 50
- Besuch eines Technikmuseums, Heimatmuseums
- Filmmaterial zum Themenbereich
- Internetrecherche

### CD
- AB_50, AB_50L
- TB_UE_45

## Unterrichtsverlauf

### Einstiegsmöglichkeiten
- Texte: Schülerbuch, Seite 115 und 116
- Fotos von Haushaltsgeräten früher und heute
- Betriebsanleitung eines Gerätes
- Text vom Arbeitsblatt

### Zielstellung
Wie hat die Technik die Arbeit im Haushalt verändert?

### Erarbeitung
- In den im Tafelbild dargelegten Schritten können in arbeitsteiligen oder arbeitsgleichen Gruppen, bzw. in Partnerarbeit die einzelnen Kriterien erarbeitet werden.
- Gemäß Arbeitsauftrag 1 Seite 116 aus dem Schülerbuch können die einzelnen Kriterien anhand von Beispielen erarbeitet werden.
- Bewusstsein wecken, dass nicht jede noch so kleine Hausarbeit durch Technik ersetzt werden sollte
- Anhand von Beispielen (Betriebsanleitungen von Geräten) bewusst machen, dass modernen Haushaltsgeräte ein hohes Maß an Lernbereitschaft erfordern

### Vertiefung
- Wandzeitungen zum Thema erstellen
- Arbeitsauftrag 2 vom Arbeitsblatt und Arbeitsauftrag 2 Schülerbuch, Seite 115
- Arbeitsauftrag 2 Schülerbuch, Seite 116

## Tafelbild

**Die Technik hat die Arbeit im Haushalt verändert**

**1. Welche Hausarbeiten werden durch die moderne Haushaltstechnik erleichtert?**
- Waschen, Bügeln
- Geschirr spülen
- ...

**2. Der Einsatz von moderner Technik im Haushalt**
- verringert die Arbeitsbelastung,
- spart Zeit,
- ermöglicht Arbeitsteilung,
- ermöglicht Mobilität,
- spart elektrische Energie,
- schont die Gesundheit,
- ist familienfreundlich,
- steigert die Lebensqualität,
- übernimmt unangenehme Arbeiten,
- ...

**3. Moderne Haushaltstechnik**
- erfordert technisches Verständnis,
- Lernbereitschaft für neue Geräte,
- finanzielle Aufwendungen für neue Geräte und
- Verantwortungsbewusstsein bei der Entsorgung bzw. beim Austausch der Geräte.

**Merke:**
Moderne Technik erleichtert die Haushaltsarbeit. Allerdings stellt sie auch hohe Ansprüche an den Bediener. Sie ist sinnvoll, wenn sie zielgerichtet, umweltverträglich und finanziell vertretbar ist.

Name: ______________________ Klasse: ________ Blatt: ________

# Die Technik hat die Arbeit im Haushalt verändert

**1** Welche Hausarbeiten erleichtert die moderne Haushaltstechnik? Ergänze weitere Hausarbeiten.

- Waschen, Bügeln, ______________
- Geschirr spülen, ______________
- ______________
- ______________
- ______________
- ______________

**2** Ergänze, warum moderne Technik den Haushalt erleichtert.

**3** Ergänze, was moderne Haushaltstechnik erfordert.

- ______________
- ______________
- ______________
- ______________

**Merke**

# UE 46: Grenzen, Risiken und Chancen der Technik im Haushalt M

## Lerninhalte

- Erkennen, dass die Technik auch im Haushalt ihre Grenzen hat
- Bewusst werden, dass technische Geräte im Haushalt Anschaffungs- und Folgekosten verursachen und damit die wirtschaftliche Lage von Haushalten und Familien beeinflussen
- Begreifen, dass mit dem Technikeinsatz auch Risiken verbunden sind

## Arbeitsmittel

- Schülerbuch, Seite 117 und 118
- AB 51
- Berichte von fehlerhaften Haushaltsgeräten
- Berichte von Unfällen mit Haushaltsgeräten
- Internetrecherche

### CD
- AB_51, AB_51L
- TB_UE_46

## Unterrichtsverlauf

### Einstiegsmöglichkeiten
- Text: Schülerbuch, Seite 117
- Fallbeispiel Haushaltsunfall
- Filmausschnitte zum Thema

### Zielstellung
Grenzen und Risiken der Technik im Haushalt

### Erarbeitung
- In den im Tafelbild dargelegten Schritten können in arbeitsteiligen oder arbeitsgleichen Gruppen, bzw. in Partnerarbeit die einzelnen Kriterien erarbeitet werden.
- Die Erarbeitung kann auch anhand eines Fallbeispieles gemäß den oben genannten Einstiegsmöglichkeiten erfolgen.
- Die Erschließung und Bearbeitung des Unterrichtsthemas sollte auf die eigenen Erfahrungen der Schüler zurückgreifen und Bezug nehmen.
- Für die Erarbeitung bietet sich Partner- bzw. arbeitsgleiche oder auch arbeitsteilige Gruppenarbeit an.
- Wie sieht ein ökonomischer und ökologischer Einsatz von Technik im Haushalt aus? Darstellung als Mind Map

### Vertiefung
- Wandzeitungen zum Thema erstellen
- Arbeitsaufträge 1 und 2 aus dem Schülerbuch, Seite 118

## Tafelbild

**Grenzen, Risiken und Chancen der Technik im Haushalt**

**1. Grenzen der Haushaltstechnik finden sich im**
- wirtschaftlichen Bereich (Finanzierbarkeit, Folgekosten, Energieverbrauch, familiäre Bedürfnisse, ...),
- technischen Bereich (Handhabung, Aufbewahrung, Einsatzmöglichkeit, ...),
- menschlichen Bereich (technisches Verständnis, Techniküberzeugung, ...).

**2. Risiken der Haushaltstechnik finden sich**
- in der Gesundheitsgefährdung,
- im Missbrauch,
- in der Technikhörigkeit,
- in der Effektivität des Gerätes,
- im Energieverbrauch,
- ...

**3. Chancen der Haushaltstechnik**
- Mehr Zeit
- Weniger schwere Arbeit
- Energiesparmöglichkeiten bei neuen Geräten
- Ressourcenschutz bei Wiederverwertung
- ...

**Merke:**
Die Grenzen und Risiken der Technikanwendung im Haushalt werden vom Menschen und von der Technik bestimmt. Verantwortungsvoller Umgang erleichtert die Hausarbeit, vermindert den Energieverbrauch und schont die Umwelt.

Name: ______________________ Klasse: ________ Blatt: ________

# Grenzen, Risiken und Chancen der Technik im Haushalt

Bei allen Vorteilen, die der technische Fortschritt im Haushalt bringt, gibt es auch Grenzen, Chancen und Risiken für ihre Beschaffung, ihren Einsatz, Ihre Handhabung und ihre Nutzer.

Ergänze die Übersicht 1 bis 3 und formuliere einen Merksatz.

**1. Grenzen der Haushaltstechnik finden sich:**

- **im wirtschaftlichen Bereich:**

  ______________________________

- **im technischen Bereich:**

  ______________________________

- **im menschlichen Bereich:**

  ______________________________

**2. Risiken der Haushaltstechnik finden sich:**

- ______________________________
- ______________________________
- ______________________________
- ______________________________
- ______________________________
- ______________________________
- ______________________________

Achte beim Kauf auf Sicherheit und Qualität.

**3. Chancen der Haushaltstechnik finden sich:**

- ______________________________
- ______________________________
- ______________________________
- ______________________________
- ______________________________

**Merke**

______________________________

______________________________

______________________________

______________________________

*1. Menschen bei der Arbeit* *AB 1*

Name: ______ Klasse: ______ Blatt: ______

## Merkmale eines Arbeitsplatzes

Ergänze die Angaben mithilfe des Schülerbuchs, Seite 8 und 9.

a) Welche Merkmale kennzeichnen einen Arbeitsplatz?

**Arbeitsort:** Baustelle, Büro, Lager, Freigelände, Werkhalle

**Arbeitsaufgaben:** Verwaltung, Produktion, Dienstleistung

**Tätigkeiten:** Büroarbeit, Produkt herstellen, pflegen, lagern, bedienen

**Arbeitsbedingungen:** Lärm, Staub, Konfliktsituationen, künstliches Licht, Gefahren

**Betriebs- und Arbeitsmittel:** Maschinen, Computer, gefährliche Stoffe

b) Beispiel Zimmerer/Zimmerin

**Arbeitsort:** Zimmerei, Baustelle

**Arbeitsaufgaben:** Dachstuhl planen, zeichnen und heben

**Tätigkeiten:** planen, zeichnen, Maschinen bedienen, Kunden beraten, heben, tragen, montieren, ausbessern

**Arbeitsbedingungen:** Staub, Lärm, Kälte, Hitze, Regen, Arbeiten in großer Höhe, schweres Heben und Tragen

**Betriebs- und Arbeitsmittel:** Handmaschinen (Handsäge, Winkel, Lot, Hammer), computergesteuerte Säge-, Hobel- und Fräsmaschinen, Transportfahrzeuge, Kran

c) Beispiel Kinderpfleger/Kinderpflegerin

**Arbeitsort:** Kindergarten, Hort, Natur, Spielplatz

**Arbeitsaufgaben:** Kinder betreuen, Elterngespräche, Kinder fördern, Lesestunden/Ausflüge organisieren

**Tätigkeiten:** spielen und musizieren, Konflikte lösen und beraten, pflegen und organisieren

**Arbeitsbedingungen:** hoher Lärmpegel, viel Bewegung, Stress- und Konfliktsituationen

**Betriebs- und Arbeitsmittel:** Bastel- und Spielmaterial, Wasch- und Spülmaschine, Büroarbeiten (Telefon, Fax, Computer usw.)

**Merke** Jeder Arbeitsplatz ist durch Arbeitsplatzmerkmale gekennzeichnet, die je nach Beruf unterschiedlich sind. Sie sind wichtige Kriterien, die bei der Berufswahl entscheidend sein können.



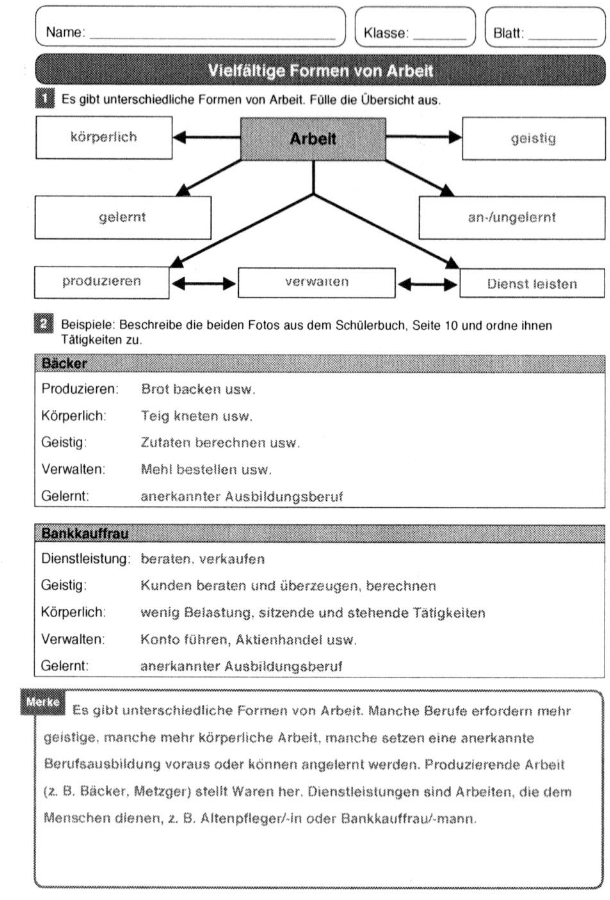

*1. Menschen bei der Arbeit* *AB 2*

Name: ______ Klasse: ______ Blatt: ______

## Vielfältige Formen von Arbeit

**1** Es gibt unterschiedliche Formen von Arbeit. Fülle die Übersicht aus.



**2** Beispiele: Beschreibe die beiden Fotos aus dem Schülerbuch, Seite 10 und ordne ihnen Tätigkeiten zu.

| Bäcker | |
|---|---|
| Produzieren: | Brot backen usw. |
| Körperlich: | Teig kneten usw. |
| Geistig: | Zutaten berechnen usw. |
| Verwalten: | Mehl bestellen usw. |
| Gelernt: | anerkannter Ausbildungsberuf |

| Bankkauffrau | |
|---|---|
| Dienstleistung: | beraten, verkaufen |
| Geistig: | Kunden beraten und überzeugen, berechnen |
| Körperlich: | wenig Belastung, sitzende und stehende Tätigkeiten |
| Verwalten: | Konto führen, Aktienhandel usw. |
| Gelernt: | anerkannter Ausbildungsberuf |

**Merke** Es gibt unterschiedliche Formen von Arbeit. Manche Berufe erfordern mehr geistige, manche mehr körperliche Arbeit, manche setzen eine anerkannte Berufsausbildung voraus oder können angelernt werden. Produzierende Arbeit (z. B. Bäcker, Metzger) stellt Waren her. Dienstleistungen sind Arbeiten, die dem Menschen dienen, z. B. Altenpfleger/-in oder Bankkauffrau/-mann.



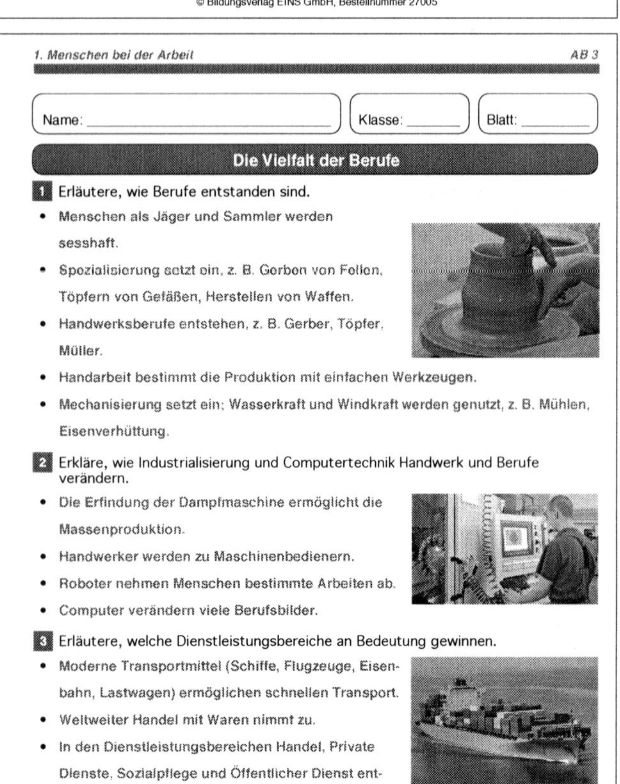

*1. Menschen bei der Arbeit* *AB 3*

Name: ______ Klasse: ______ Blatt: ______

## Die Vielfalt der Berufe

**1** Erläutere, wie Berufe entstanden sind.

- Menschen als Jäger und Sammler werden sesshaft.
- Spezialisierung setzt ein, z. B. Gerben von Fellen, Töpfern von Gefäßen, Herstellen von Waffen.
- Handwerksberufe entstehen, z. B. Gerber, Töpfer, Müller.
- Handarbeit bestimmt die Produktion mit einfachen Werkzeugen.
- Mechanisierung setzt ein; Wasserkraft und Windkraft werden genutzt, z. B. Mühlen, Eisenverhüttung.

**2** Erkläre, wie Industrialisierung und Computertechnik Handwerk und Berufe verändern.

- Die Erfindung der Dampfmaschine ermöglicht die Massenproduktion.
- Handwerker werden zu Maschinenbedienern.
- Roboter nehmen Menschen bestimmte Arbeiten ab.
- Computer verändern viele Berufsbilder.

**3** Erläutere, welche Dienstleistungsbereiche an Bedeutung gewinnen.

- Moderne Transportmittel (Schiffe, Flugzeuge, Eisenbahn, Lastwagen) ermöglichen schnellen Transport.
- Weltweiter Handel mit Waren nimmt zu.
- In den Dienstleistungsbereichen Handel, Private Dienste, Sozialpflege und Öffentlicher Dienst entstehen neue Berufe.

**Merke** Die Vielfalt der Berufe im Handwerk hat sich durch Industrialisierung, den technischen Fortschritt und die Computertechnik verändert. Berufe im Dienstleistungsbereich haben an Bedeutung gewonnen.



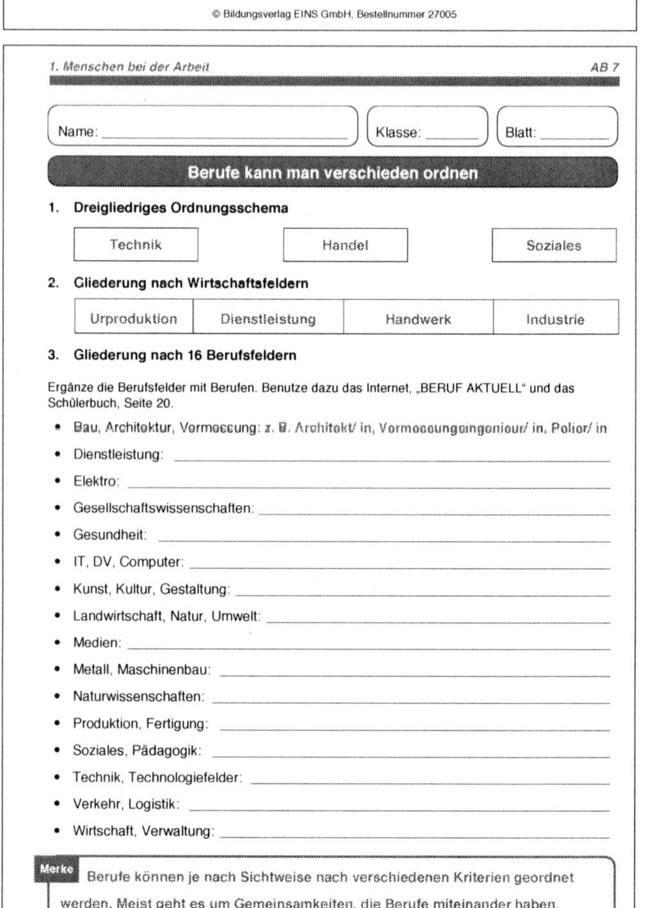

*1. Menschen bei der Arbeit* *AB 7*

Name: ______ Klasse: ______ Blatt: ______

## Berufe kann man verschieden ordnen

**1. Dreigliedriges Ordnungsschema**

| Technik | Handel | Soziales |
|---|---|---|

**2. Gliederung nach Wirtschaftsfeldern**

| Urproduktion | Dienstleistung | Handwerk | Industrie |
|---|---|---|---|

**3. Gliederung nach 16 Berufsfeldern**

Ergänze die Berufsfelder mit Berufen. Benutze dazu das Internet, „BERUF AKTUELL" und das Schülerbuch, Seite 20.

- Bau, Architektur, Vermessung: z. B. Architekt/ in, Vermessungsingenieur/ in, Polier/ in
- Dienstleistung: ______
- Elektro: ______
- Gesellschaftswissenschaften: ______
- Gesundheit: ______
- IT, DV, Computer: ______
- Kunst, Kultur, Gestaltung: ______
- Landwirtschaft, Natur, Umwelt: ______
- Medien: ______
- Metall, Maschinenbau: ______
- Naturwissenschaften: ______
- Produktion, Fertigung: ______
- Soziales, Pädagogik: ______
- Technik, Technologiefelder: ______
- Verkehr, Logistik: ______
- Wirtschaft, Verwaltung: ______

**Merke** Berufe können je nach Sichtweise nach verschiedenen Kriterien geordnet werden. Meist geht es um Gemeinsamkeiten, die Berufe miteinander haben.

Name: ______ Klasse: ______ Blatt: ______

## Aussagen über Beruf und Arbeit

Arbeitnehmer, die zu Beruf und Arbeit befragt werden, haben unterschiedliche Sichtweisen zu ihrem Beruf, zu ihrer Arbeit und zu den Faktoren, die ihnen für ihren Arbeitsplatz wichtig erscheinen.

Lies dir die Äußerungen der Erwachsenen und Jugendlichen im Schülerbuch, Seite 24 und 25 durch. Welche Sichtweisen kannst du feststellen und was ist für sie am Arbeitsplatz wichtig? Ergänze diese Feststellungen mit deinen eigenen Vorstellungen.

**1. Positive Sichtweisen zu Beruf und Arbeit**

Guter Verdienst
Erfolg
Freude und Zufriedenheit
Ansehen
Gesicherter Lebensstandard

- ______
- ______
- ______
- ______
- ______

**2. Negative Sichtweisen zu Beruf und Arbeit**

Stress
Zu wenig Verdienst, Zusatzjob nötig
Zeitdruck
Psychische/physische Belastungen
Abhängigkeiten (Chef, Auftragslage ...)

- ______
- ______
- ______
- ______
- ______

**3. Was ist am Arbeitsplatz wichtig?**

Festes Einkommen
Sicherer Arbeitsplatz
Freude an der und Stolz auf die Arbeit
Behandlung als „Mensch"
Kollegialität
Gesundheitsschutz
Sinnvolle Tätigkeit, Vielseitigkeit

- ______
- ______
- ______
- ______
- ______
- ______
- ______

**Merke** Arbeit und Beruf werden unterschiedlich wahrgenommen. Arbeit und Beruf sind nicht nur mit Freude und Anerkennung, sondern auch mit Belastungen verbunden. Deshalb ist eine gewissenhafte Vorbereitung auf die Berufswahl wichtig.





Name: ______ Klasse: ______ Blatt: ______

## Sichtweisen von Jungen und Mädchen

Viele Jugendliche haben an ihren Wunschberuf bestimmte Erwartungen. Jungen und Mädchen haben gemeinsame und unterschiedliche Sichtweisen von ihrer beruflichen Arbeit und Zukunft.

**1** Ergänze deine eigenen Vorstellungen.

**1. Gemeinsame Erwartungen**

Gute Verdienstmöglichkeiten
Finanzielle Unabhängigkeit
Sicherer Arbeitsplatz
Aufstiegsmöglichkeiten
Vereinbarkeit von beruflicher Karriere und Familie

- Flexible Arbeitszeitmodelle______
- ______
- ______
- ______

**2. Unterschiedliche berufliche Sichtweisen**

**Mädchen:**

Familie und Beruf vereinbaren
Teilzeitarbeitsmöglichkeiten,
Heimarbeitsplatz, Telearbeit ...
Eigene Wünsche verwirklichen

- ______
- ______
- ______

**Jungen:**

Hohes Einkommen
Familie versorgen
Berufliche Karriere

- ______
- ______
- ______

**2** Es gibt noch immer deutliche Unterschiede im Berufsleben.

- Typische Frauen- und Männerberufe, Beispiele: Top-10 der Ausbildungsberufe
- Chancengleichheit für Frauen in den Berufen oft nicht gegeben.
- Männer in Frauenberufen selten, z. B. Erzieher oder Kinderpfleger im Kindergarten.

**Merke** Arbeit und Beruf sind für Jungen und Mädchen gleich wichtig. Deutliche Unterschiede gibt es bei den Sichtweisen. Die Vereinbarkeit von Beruf und Familie ist bei Frauen nicht immer gegeben.





Name: ______ Klasse: ______ Blatt: ______

## Geld verdienen – nicht um jeden Preis?

Die Erwerbsarbeit soll die materielle und finanzielle Grundlage für das Leben sichern. Ein guter Verdienst garantiert hohen Lebensstandard, ist aber oft mit vielen Entbehrungen verbunden. Der Mensch „bleibt auf der Strecke", wenn er Beruf und Arbeit nur unter dem Gesichtspunkt eines möglichst hohen Verdienstes sieht.

Ergänze bei 1. und 2. weitere Kriterien und begründe sie anhand von Beispielen.

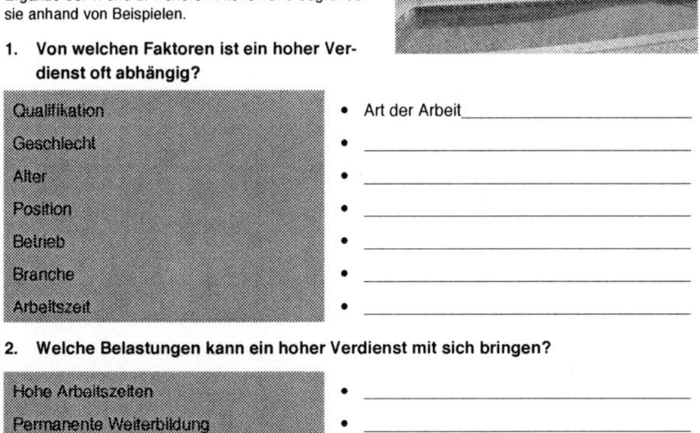

**1. Von welchen Faktoren ist ein hoher Verdienst oft abhängig?**

Qualifikation
Geschlecht
Alter
Position
Betrieb
Branche
Arbeitszeit

- Art der Arbeit______
- ______
- ______
- ______
- ______
- ______
- ______

**2. Welche Belastungen kann ein hoher Verdienst mit sich bringen?**

Hohe Arbeitszeiten
Permanente Weiterbildung
Hohe psychische Belastungen
Wenig Freizeit
Dauernde Verfügbarkeit
Große Abhängigkeiten

- ______
- ______
- ______
- ______
- ______
- ______

**Merke** Für die Wahl eines Berufes und die berufliche Zukunft darf das „Geldverdienen" nicht allein ausschlaggebend sein. Ein zufriedenes Leben und eine gesicherte Lebensplanung sind nicht nur mit Geld zu erreichen





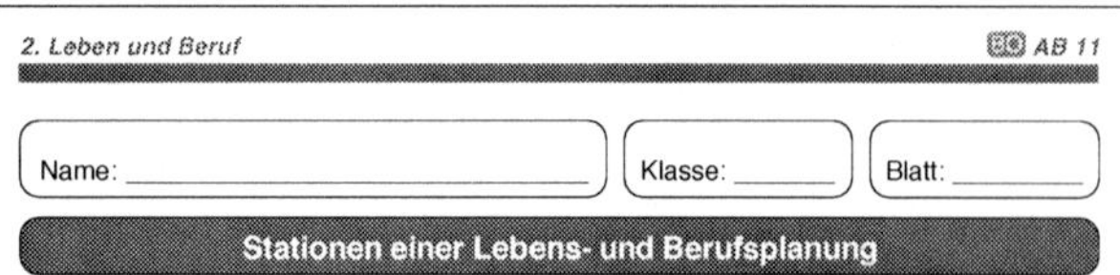

Name: ______ Klasse: ______ Blatt: ______

## Stationen einer Lebens- und Berufsplanung

Mit Beginn der Jahrgangsstufe 7 steigst du in eine gezielte Berufsorientierung ein, nach der du am Ende der 9. bzw. 10 Jahrgangsstufe deine Berufswahlentscheidung triffst, die aber auch eine vorläufige Lebensplanung mit einbeziehen sollte.

Skizziere deinen möglichen Lebensplan.

**1. Schulausbildung**

- Wahl eines der berufsorientierenden Zweige Wirtschaft, Technik, Soziales nach Jahrgangsstufe 7
- Hauptschulabschluss bzw. Qualifizierender Hauptschulabschluss in der 9. Jahrgangsstufe
- Mittelschulabschluss in der M 10

**2. Berufsausbildung**

- Erlernen eines Ausbildungsberufes
- Besuch einer Fachschule

**3. Berufliche Tätigkeit**

- Facharbeiter
- Zusatzausbildung
- Aufstiegsmöglichkeiten zum Meister
- Weg in die Selbstständigkeit
- Weiterführende Schulen, Fachakademien, Studium

**4. Familienplanung**

- Gründung einer Familie
- Kinder
- Hausbau

**5. Sonstiges**

- Freizeitgestaltung, z. B. Fußball im Verein
- Politische Betätigung (Gemeinderat) und soziales Engagement (Ehrenamt)

**Merke** Arbeit und Beruf beeinflussen das eigene Leben. Eine vorausschauende Lebens- und Berufsplanung erfordert Anstrengung, gibt dem Leben aber auch Sinn, Sicherheit, Ansehen und persönliche Befriedigung.

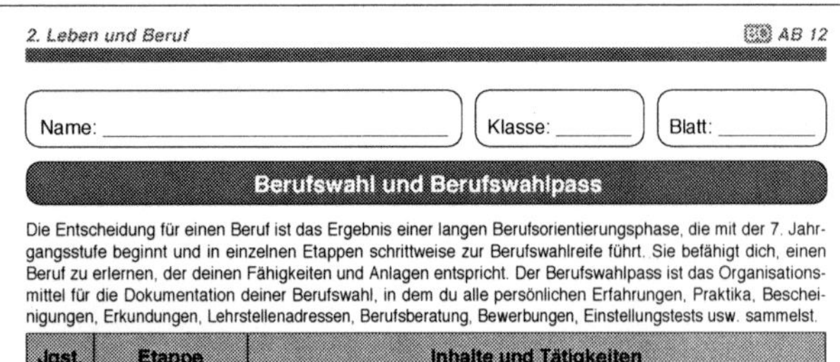

Name: ____________ Klasse: ______ Blatt: ______

## Berufswahl und Berufswahlpass

Die Entscheidung für einen Beruf ist das Ergebnis einer langen Berufsorientierungsphase, die mit der 7. Jahrgangsstufe beginnt und in einzelnen Etappen schrittweise zur Berufswahlreife führt. Sie befähigt dich, einen Beruf zu erlernen, der deinen Fähigkeiten und Anlagen entspricht. Der Berufswahlpass ist das Organisationsmittel für die Dokumentation deiner Berufswahl, in dem du alle persönlichen Erfahrungen, Praktika, Bescheinigungen, Erkundungen, Lehrstellenadressen, Berufsberatung, Bewerbungen, Einstellungstests usw. sammelst.

| Jgst. | Etappe | Inhalte und Tätigkeiten |
|---|---|---|
| 7 | 1. Etappe<br>Orientierung | **Meine ersten Schritte in die Berufs und Arbeitswelt:**<br>• Zugangserkundung<br>• vertiefte Berufsorientierung (Praktikum)<br>• Wahl des berufsorientierenden Zweiges |
| 7/8 | 2. Etappe<br>Qualifizierung | **Wer bin ich und was kann ich?**<br>• Meine Fähigkeiten, Fertigkeiten, Interessen<br>• Stärken und Schwächen<br>• Hobbys und Talente |
| 8 | 3. Etappe<br>Information | **Ich informiere mich über meine beruflichen Vorstellungen.**<br>• bei Betriebserkundungen<br>• in Gesprächen mit Eltern, Bekannten, Freunden<br>• in Betriebspraktika<br>• beim Berufsberater |
| 8/9 | 4. Etappe<br>Vergleich | **Ich vergleiche meine persönlichen Stärken und Schwächen mit den Anforderungen der Berufe.**<br>• Auswahl des Wunschberufes/Alternativberufes<br>• Betriebspraktikum zur Überprüfung<br>• Gespräche mit Lehrer, Berufsberater, Praktikumsbetreuer |
| 9/10 | 5. Etappe<br>Entscheidung | **Ich entscheide mich für einen Ausbildungsberuf und bewerbe mich.**<br>• Entscheidung für einen Beruf<br>• Auswählen der Ausbildungsplätze<br>• Bewerbungen schreiben und vorstellen<br>• Ausbildungsvertrag unterschreiben |





Name: ____________ Klasse: ______ Blatt: ______

## Berufsorientierende Zweige

In der 7. Jahrgangsstufe kommen zum AWT-Unterricht die berufsorientierenden Zweige Technik, Wirtschaft und Soziales dazu. In diesen drei Praxisfächern erhältst du die Möglichkeit, Begabungen, Neigungen, körperliche und geistige Fähigkeiten usw. näher kennenzulernen. Sie unterstützen dich bei deiner Berufsorientierung. Am Ende der 7. Jahrgangsstufe kannst du dich entscheiden, in welchem Zweig du für die 8. Jahrgangsstufe deinen Schwerpunkt siehst. Du kannst evtl. auch einen zweiten Zweig hinzunehmen. Am Ende der 8. Jahrgangsstufe entscheidest du dich für einen Zweig.

**1. Berufsorientierender Zweig Wirtschaft**

**Inhalte:** Kaufmännische und bürotechnische Arbeitsbereiche, z. B. Textverarbeitung, Korrespondenz, Rechnungswesen, Bürotechnik, Büroorganisation

**Anforderungen des Faches und möglicher Ausbildungsberufe:**

- Gute Leistungen in Mathematik, Deutsch, Englisch
- Ausdauer, Fleiß, Konzentration
- Selbstständiges Arbeiten, Terminplanung, Organisation
- Kommunikationsbereitschaft, Teamarbeit

**2. Berufsorientierender Zweig Technik**

**Inhalte:** Technische Arbeitsbereiche, z. B. Technisches Zeichnen, Materialkunde, Umgang mit Maschinen, Werken

**Anforderungen des Faches und möglicher Ausbildungsberufe:**

- Gute Gesundheit, Kraft, Geschicklichkeit
- Ausdauer, Fleiß, Konzentration, Sorgfalt, Genauigkeit
- Gute Leistungen in Mathematik, Physik, Deutsch
- Technisches Verständnis, Umgang mit Maschinen
- Selbstständiges Arbeiten, Teamfähigkeit, Organisation

**3. Berufsorientierender Zweig Soziales**

**Inhalte:** Soziale Arbeitsbereiche, z. B. Ernährung, Gesundheit, Zusammenleben, Umgang mit Menschen, Pflege

**Anforderungen des Faches und möglicher Ausbildungsberufe:**

- Gute Gesundheit, Kraft, Geschicklichkeit, Umgang mit technischen Geräten
- Zuverlässigkeit, Ausdauer, Fleiß, selbstständiges Arbeiten, Zeitplanung
- Guter Umgang mit Menschen, Kommunikationsbereitschaft
- Teamarbeit, Offenheit, Kritikfähigkeit, Einfühlungsvermögen
- Gute Leistungen in den Hauptfächern

**Merke** Die drei berufsorientierenden Zweige stellen an dich unterschiedliche Anforderungen. Sie sind ein wichtiger Baustein für deine Berufsorientierung und deine Berufswahl.





Name: ____________ Klasse: ______ Blatt: ______

## Vielfältige Ausgaben im Haushalt

Ergänze die folgenden Aussagen.

**1. Ausgaben sind abhängig von:**

- der Anzahl der Haushaltsmitglieder.
- den Bedürfnissen und Wünschen der Haushaltsmitglieder.
- dem Alter der Haushaltsmitglieder.

**2. Ausgaben fallen an für:**

- Essen.
- Schule.
- Urlaub.
- Taschengeld.
- Altersvorsorge und Versicherungen.
- Miete.
- Freizeitgestaltung.
- Energiekosten und Wasser.
- ____________

**3. Haushaltsmitglieder haben unterschiedliche Bedürfnisse:**

- Schulbildung: ____________
- Freizeitgestaltung: ____________
- Persönliche Interessen: ____________
- ____________

**Merke** Das Leben in einem Haushalt kostet Geld. Die Bedürfnisse der Haushaltsmitglieder müssen mit dem verfügbaren Einkommen abgestimmt und geplant werden.





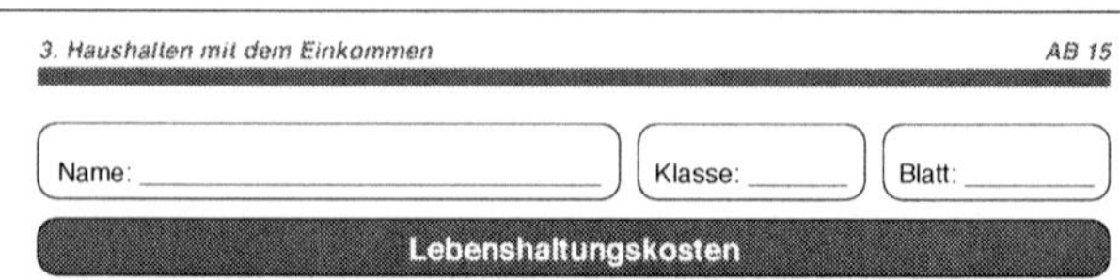

Name: ____________ Klasse: ______ Blatt: ______

## Lebenshaltungskosten

Trotz eines durchschnittlichen Verdienstes können sich viele Menschen immer weniger leisten. Jeder leidet unter den gestiegenen Lebenshaltungskosten. In vielen Haushalten mit Kindern muss genau gerechnet werden, wieviel ausgegeben werden kann. Der „Rotstift" setzt besonders bei den individuellen Wünschen an.

Lebenshaltungskosten lassen sich in feste und veränderliche Kosten einteilen. Ergänze die Übersicht.

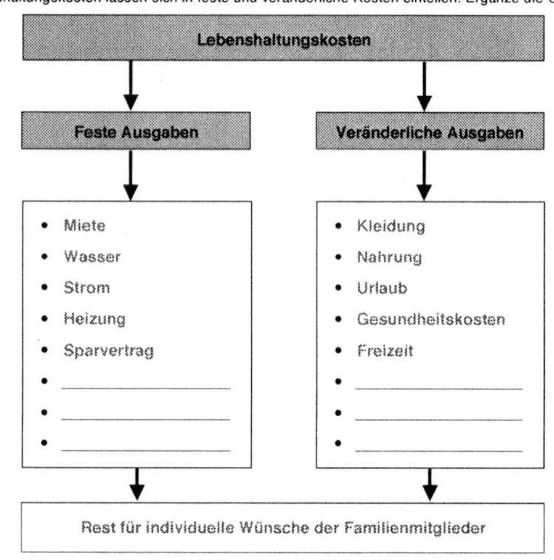


**Merke** Lebenshaltungskosten sind alle festen und veränderlichen Kosten, die aufgewendet werden müssen, um ein durchschnittliches Leben zu ermöglichen. Sie umfassen Grundbedürfnisse wie Wohnung, Energie, Nahrung und Kleidung, aber auch alle anderen Ausgaben, die je nach Bedürfnislage der Haushaltsmitglieder unterschiedlich sein können.

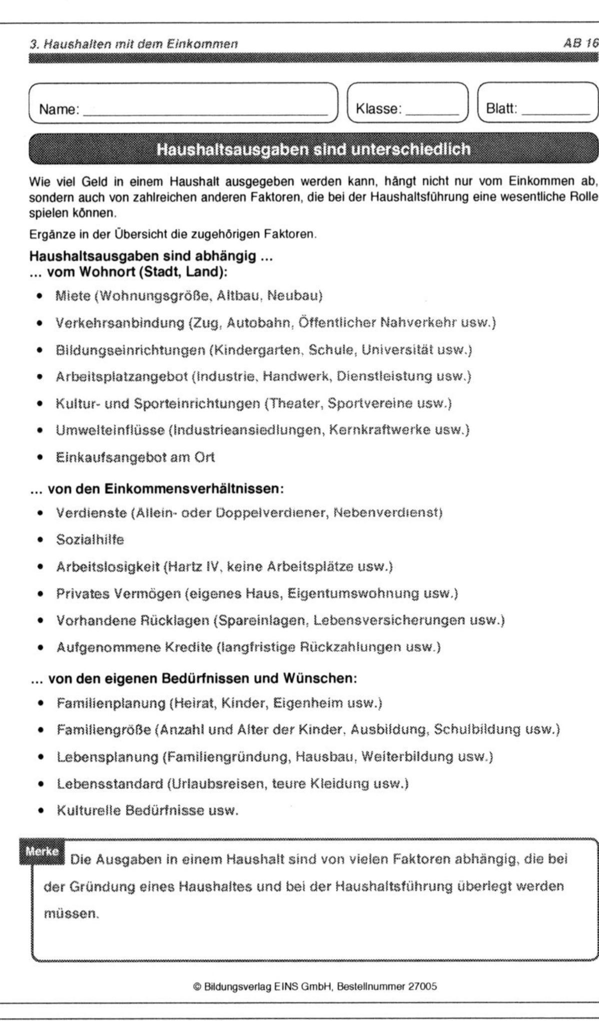

3. Haushalten mit dem Einkommen — AB 16

Name: ______ Klasse: ______ Blatt: ______

## Haushaltsausgaben sind unterschiedlich

Wie viel Geld in einem Haushalt ausgegeben werden kann, hängt nicht nur vom Einkommen ab, sondern auch von zahlreichen anderen Faktoren, die bei der Haushaltsführung eine wesentliche Rolle spielen können.

Ergänze in der Übersicht die zugehörigen Faktoren.

**Haushaltsausgaben sind abhängig ...**
**... vom Wohnort (Stadt, Land):**

- Miete (Wohnungsgröße, Altbau, Neubau)
- Verkehrsanbindung (Zug, Autobahn, Öffentlicher Nahverkehr usw.)
- Bildungseinrichtungen (Kindergarten, Schule, Universität usw.)
- Arbeitsplatzangebot (Industrie, Handwerk, Dienstleistung usw.)
- Kultur- und Sporteinrichtungen (Theater, Sportvereine usw.)
- Umwelteinflüsse (Industrieansiedlungen, Kernkraftwerke usw.)
- Einkaufsangebot am Ort

**... von den Einkommensverhältnissen:**

- Verdienste (Allein- oder Doppelverdiener, Nebenverdienst)
- Sozialhilfe
- Arbeitslosigkeit (Hartz IV, keine Arbeitsplätze usw.)
- Privates Vermögen (eigenes Haus, Eigentumswohnung usw.)
- Vorhandene Rücklagen (Spareinlagen, Lebensversicherungen usw.)
- Aufgenommene Kredite (langfristige Rückzahlungen usw.)

**... von den eigenen Bedürfnissen und Wünschen:**

- Familienplanung (Heirat, Kinder, Eigenheim usw.)
- Familiengröße (Anzahl und Alter der Kinder, Ausbildung, Schulbildung usw.)
- Lebensplanung (Familiengründung, Hausbau, Weiterbildung usw.)
- Lebensstandard (Urlaubsreisen, teure Kleidung usw.)
- Kulturelle Bedürfnisse usw.

**Merke:** Die Ausgaben in einem Haushalt sind von vielen Faktoren abhängig, die bei der Gründung eines Haushaltes und bei der Haushaltsführung überlegt werden müssen.



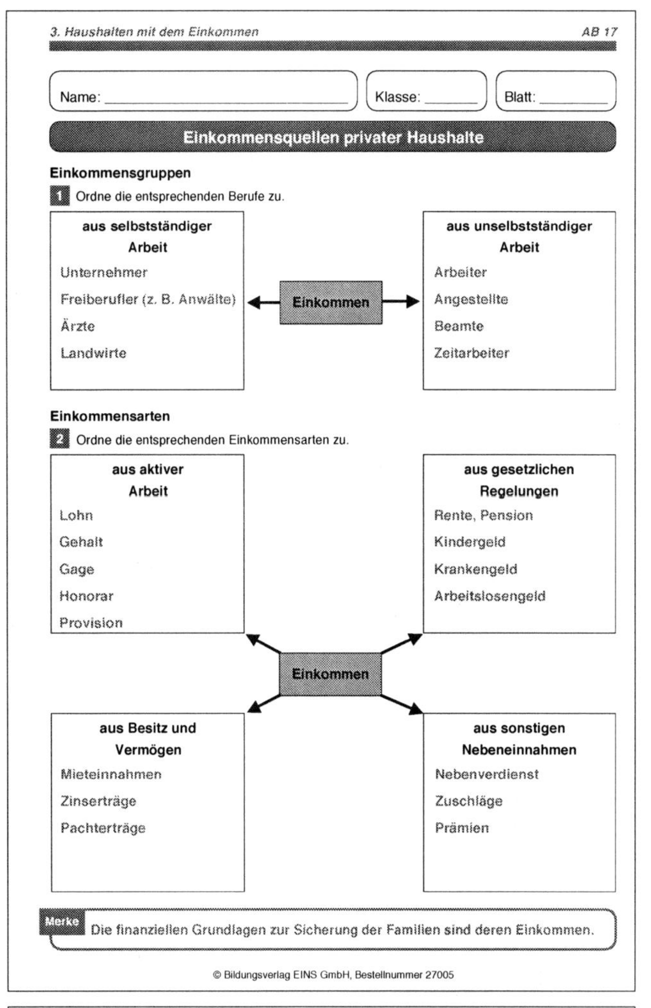

3. Haushalten mit dem Einkommen — AB 17

Name: ______ Klasse: ______ Blatt: ______

## Einkommensquellen privater Haushalte

**Einkommensgruppen**

1 Ordne die entsprechenden Berufe zu.



| aus selbstständiger Arbeit | aus unselbstständiger Arbeit |
|---|---|
| Unternehmer | Arbeiter |
| Freiberufler (z. B. Anwälte) | Angestellte |
| Ärzte | Beamte |
| Landwirte | Zeitarbeiter |

**Einkommensarten**

2 Ordne die entsprechenden Einkommensarten zu.



| aus aktiver Arbeit | aus gesetzlichen Regelungen |
|---|---|
| Lohn | Rente, Pension |
| Gehalt | Kindergeld |
| Gage | Krankengeld |
| Honorar | Arbeitslosengeld |
| Provision | |

| aus Besitz und Vermögen | aus sonstigen Nebeneinnahmen |
|---|---|
| Mieteinnahmen | Nebenverdienst |
| Zinserträge | Zuschläge |
| Pachterträge | Prämien |

**Merke:** Die finanziellen Grundlagen zur Sicherung der Familien sind deren Einkommen.



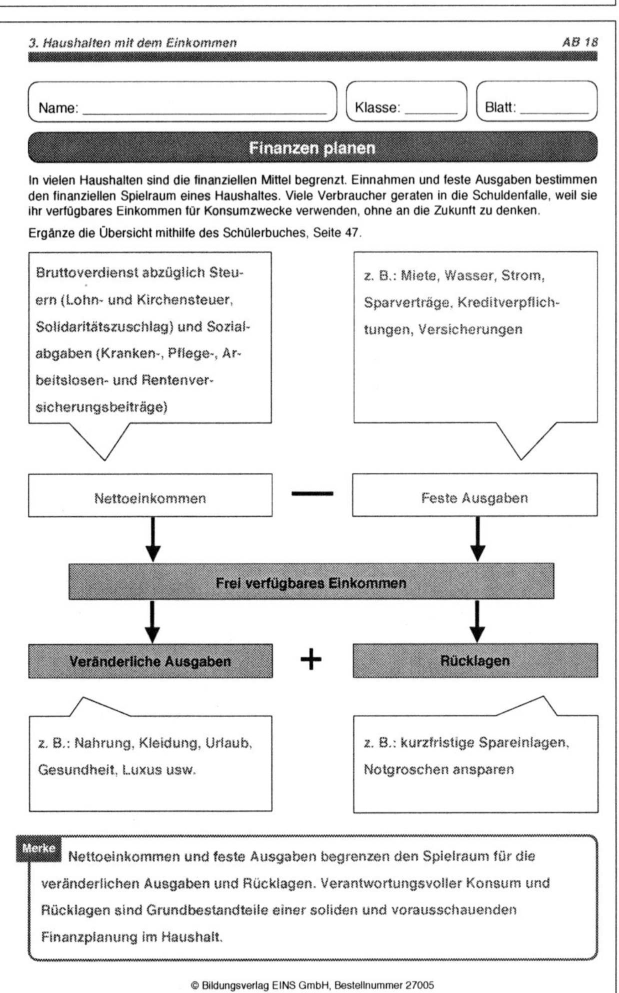

3. Haushalten mit dem Einkommen — AB 18

Name: ______ Klasse: ______ Blatt: ______

## Finanzen planen

In vielen Haushalten sind die finanziellen Mittel begrenzt. Einnahmen und feste Ausgaben bestimmen den finanziellen Spielraum eines Haushaltes. Viele Verbraucher geraten in die Schuldenfalle, weil sie ihr verfügbares Einkommen für Konsumzwecke verwenden, ohne an die Zukunft zu denken.

Ergänze die Übersicht mithilfe des Schülerbuches, Seite 47.



**Merke:** Nettoeinkommen und feste Ausgaben begrenzen den Spielraum für die veränderlichen Ausgaben und Rücklagen. Verantwortungsvoller Konsum und Rücklagen sind Grundbestandteile einer soliden und vorausschauenden Finanzplanung im Haushalt.



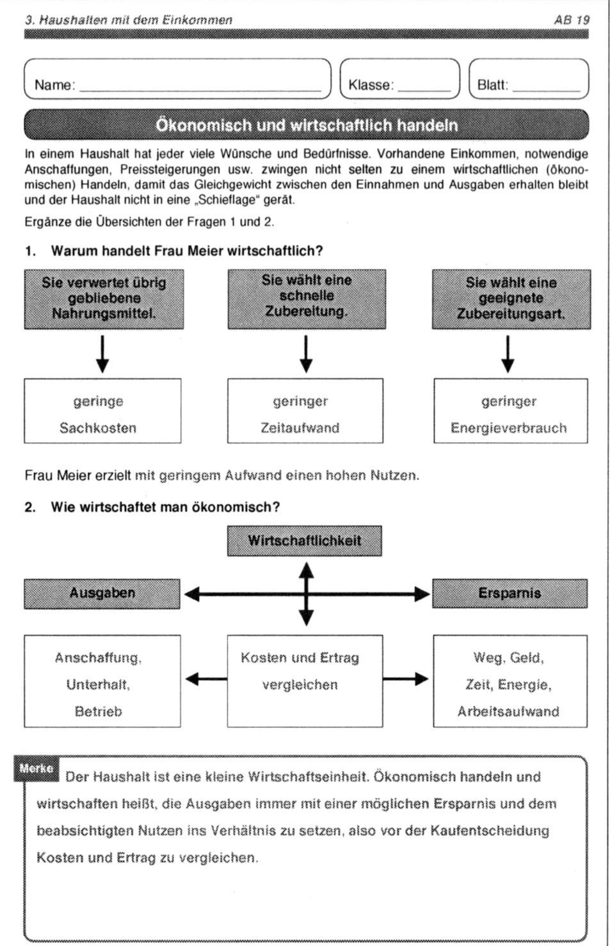

3. Haushalten mit dem Einkommen — AB 19

Name: ______ Klasse: ______ Blatt: ______

## Ökonomisch und wirtschaftlich handeln

In einem Haushalt hat jeder viele Wünsche und Bedürfnisse. Vorhandene Einkommen, notwendige Anschaffungen, Preissteigerungen usw. zwingen nicht selten zu einem wirtschaftlichen (ökonomischen) Handeln, damit das Gleichgewicht zwischen den Einnahmen und Ausgaben erhalten bleibt und der Haushalt nicht in eine „Schieflage" gerät.

Ergänze die Übersichten der Fragen 1 und 2.

**1. Warum handelt Frau Meier wirtschaftlich?**



Frau Meier erzielt mit geringem Aufwand einen hohen Nutzen.

**2. Wie wirtschaftet man ökonomisch?**



**Merke:** Der Haushalt ist eine kleine Wirtschaftseinheit. Ökonomisch handeln und wirtschaften heißt, die Ausgaben immer mit einer möglichen Ersparnis und dem beabsichtigten Nutzen ins Verhältnis zu setzen, also vor der Kaufentscheidung Kosten und Ertrag zu vergleichen.

Name: ______ Klasse: ______ Blatt: ______

## Wirtschaftliches Handeln nach dem ökonomischen Prinzip

Zwei Möglichkeiten kennzeichnen das ökonomische Prinzip: Maximalprinzip und Minimalprinzip. Beide Möglichkeiten beschreiben wirtschaftliches Handeln. Am Beispiel von Loretta und Franz aus dem Schulbuch, die sich einen MP3-Player kaufen, wird dieses ökonomische Prinzip deutlich.

Ergänze die Übersicht mithilfe des Schülerbuches, Seite 49 und erkläre die Zusammenhänge am Beispiel des MP3-Player-Kaufs aus dem Buch.

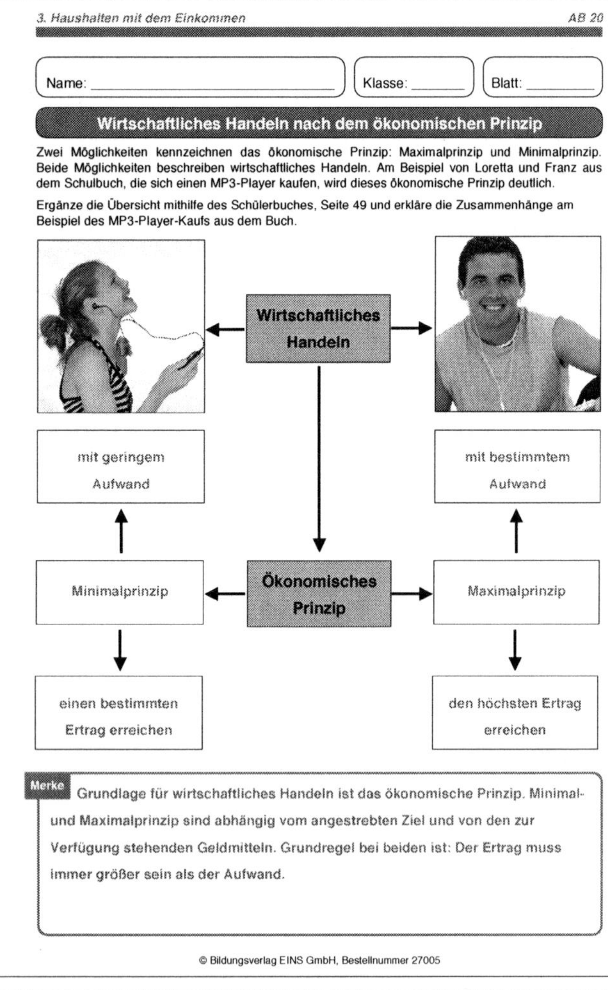


**Merke** Grundlage für wirtschaftliches Handeln ist das ökonomische Prinzip. Minimal- und Maximalprinzip sind abhängig vom angestrebten Ziel und von den zur Verfügung stehenden Geldmitteln. Grundregel bei beiden ist: Der Ertrag muss immer größer sein als der Aufwand.



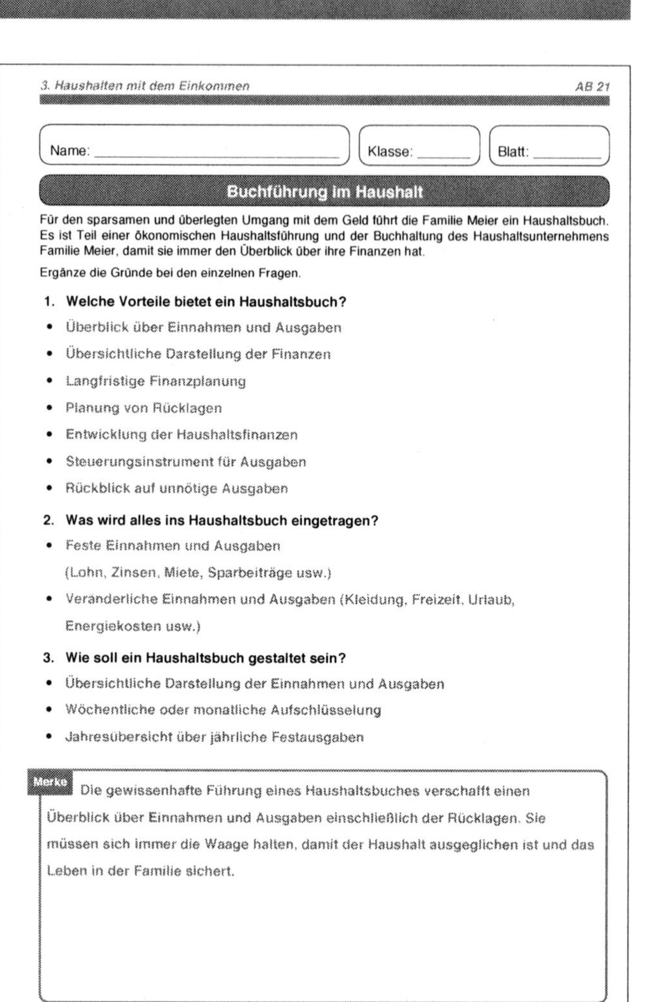



Name: ______ Klasse: ______ Blatt: ______

## Buchführung im Haushalt

Für den sparsamen und überlegten Umgang mit dem Geld führt die Familie Meier ein Haushaltsbuch. Es ist Teil einer ökonomischen Haushaltsführung und der Buchhaltung des Haushaltsunternehmens Familie Meier, damit sie immer den Überblick über ihre Finanzen hat.

Ergänze die Gründe bei den einzelnen Fragen.

1. **Welche Vorteile bietet ein Haushaltsbuch?**
- Überblick über Einnahmen und Ausgaben
- Übersichtliche Darstellung der Finanzen
- Langfristige Finanzplanung
- Planung von Rücklagen
- Entwicklung der Haushaltsfinanzen
- Steuerungsinstrument für Ausgaben
- Rückblick auf unnötige Ausgaben

2. **Was wird alles ins Haushaltsbuch eingetragen?**
- Feste Einnahmen und Ausgaben (Lohn, Zinsen, Miete, Sparbeiträge usw.)
- Veränderliche Einnahmen und Ausgaben (Kleidung, Freizeit, Urlaub, Energiekosten usw.)

3. **Wie soll ein Haushaltsbuch gestaltet sein?**
- Übersichtliche Darstellung der Einnahmen und Ausgaben
- Wöchentliche oder monatliche Aufschlüsselung
- Jahresübersicht über jährliche Festausgaben

**Merke** Die gewissenhafte Führung eines Haushaltsbuches verschafft einen Überblick über Einnahmen und Ausgaben einschließlich der Rücklagen. Sie müssen sich immer die Waage halten, damit der Haushalt ausgeglichen ist und das Leben in der Familie sichert.



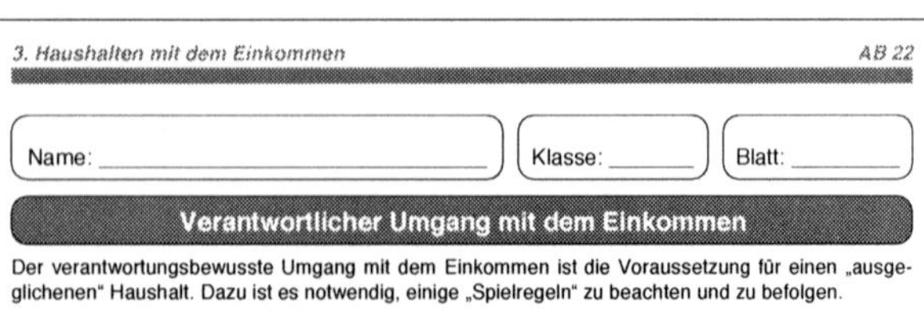



Name: ______ Klasse: ______ Blatt: ______

## Verantwortlicher Umgang mit dem Einkommen

Der verantwortungsbewusste Umgang mit dem Einkommen ist die Voraussetzung für einen „ausgeglichenen" Haushalt. Dazu ist es notwendig, einige „Spielregeln" zu beachten und zu befolgen.

Ergänze die Gründe bei den Überschriften 1 bis 3.

1. **Das Führen eines Haushaltsbuches bedeutet:**
- Gewissenhaftes Eintragen der Beträge
- Wöchentliche Überprüfung der Ein- und Ausgaben
- Vorausschauende Planung anhand der Ein- und Ausgaben
- ______
- ______

2. **Verantwortlicher Konsum bei den Ausgaben erfordert:**

- Nutzen bedenken
- Folgekosten bedenken
- Informationen sammeln
- Kosten vergleichen
- Notwendigkeit der Ausgaben überprüfen
- Alternativen überlegen
- Umweltbewusstes Einkaufen
- ______
- ______

3. **Konsumverzicht und Konsumverzögerung können:**
- verantwortungsvolle Maßnahmen einer verantwortungsvollen Haushaltsführung bei Geldknappheit sein.
- eine „Schieflage" der Haushaltsfinanzen verhindern.
- ein Abgleiten in die Schuldenfalle verhindern.
- ______
- ______

**Merke** Verantwortlicher Umgang mit dem Einkommen bedeutet überlegte Finanzplanung und verantwortungsvolles Konsumverhalten.





Name: ______ Klasse: ______ Blatt: ______

## Einkommen und Lebensstandard

Ergänze die Gründe bei 1. und 2. und die Übersicht unter 3.

1. **Was bedeutet Lebensstandard?**
- Was ich mir leisten kann
- Luxus
- Gutes Leben

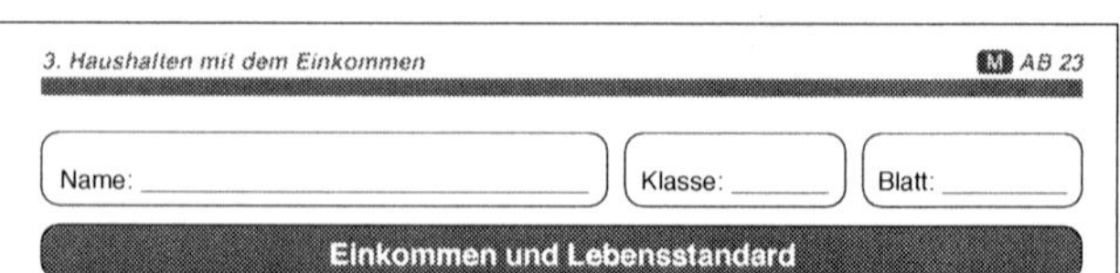

2. **Was bestimmt den Lebensstandard?**
- Höhe des Einkommens
- Kaufkraft des Geldes (Preisentwicklung)
- Lebenseinstellung

3. **Zusammenhang zwischen Einkommen, Lebensstandard und Kaufkraft**

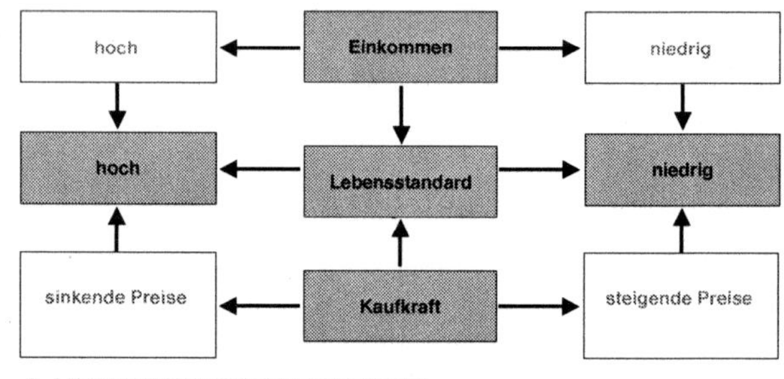


4. **Lebensstandard und Lebensvorstellungen**
- Unterschiedliche Auffassungen von Lebensstandard
- Dieser hängt von der Lebensvorstellung des Einzelnen ab.
- Persönliche Einstellung zur Arbeit, zur Umwelt usw.
- ______

**Merke** Der Lebensstandard ist abhängig vom Einkommen, von der Kaufkraft des Geldes und von der Lebensvorstellung.

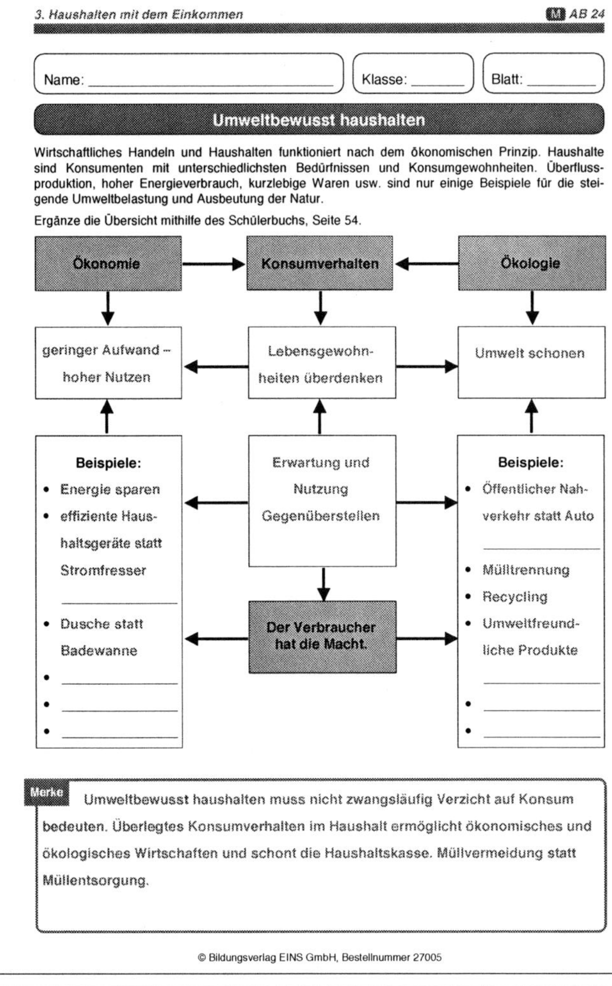



Name: ____ Klasse: ____ Blatt: ____

## Umweltbewusst haushalten

Wirtschaftliches Handeln und Haushalten funktioniert nach dem ökonomischen Prinzip. Haushalte sind Konsumenten mit unterschiedlichsten Bedürfnissen und Konsumgewohnheiten. Überflussproduktion, hoher Energieverbrauch, kurzlebige Waren usw. sind nur einige Beispiele für die steigende Umweltbelastung und Ausbeutung der Natur.

Ergänze die Übersicht mithilfe des Schülerbuchs, Seite 54.

| Ökonomie | Konsumverhalten | Ökologie |
|---|---|---|
| geringer Aufwand – hoher Nutzen | Lebensgewohnheiten überdenken | Umwelt schonen |
| **Beispiele:**<br>• Energie sparen<br>• effiziente Haushaltsgeräte statt Stromfresser<br>• Dusche statt Badewanne | Erwartung und Nutzung Gegenüberstellen<br><br>**Der Verbraucher hat die Macht.** | **Beispiele:**<br>• Öffentlicher Nahverkehr statt Auto<br>• Mülltrennung<br>• Recycling<br>• Umweltfreundliche Produkte |

**Merke** Umweltbewusst haushalten muss nicht zwangsläufig Verzicht auf Konsum bedeuten. Überlegtes Konsumverhalten im Haushalt ermöglicht ökonomisches und ökologisches Wirtschaften und schont die Haushaltskasse. Müllvermeidung statt Müllentsorgung.



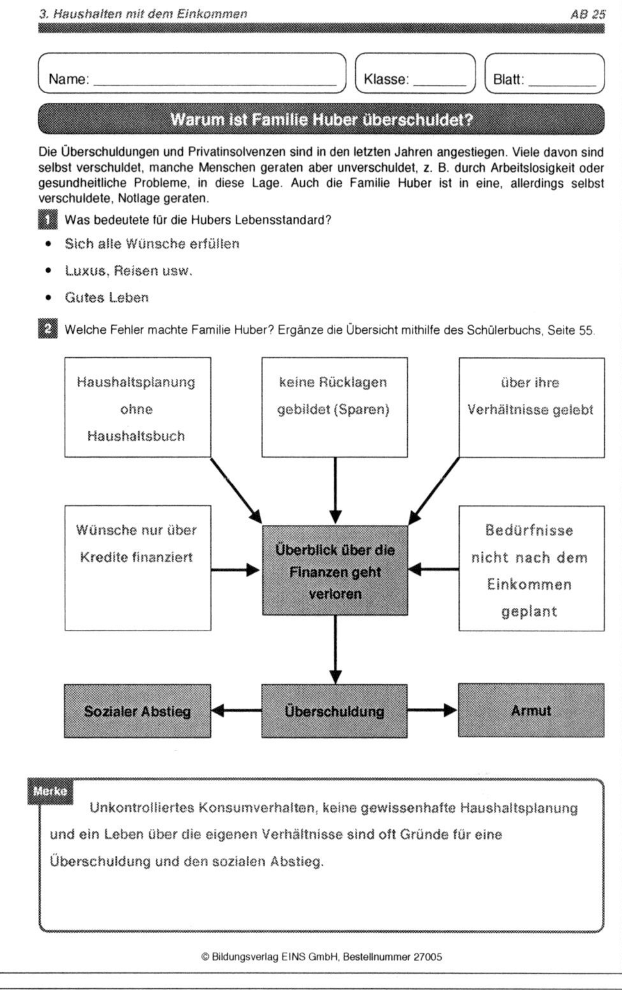



Name: ____ Klasse: ____ Blatt: ____

## Warum ist Familie Huber überschuldet?

Die Überschuldungen und Privatinsolvenzen sind in den letzten Jahren angestiegen. Viele davon sind selbst verschuldet, manche Menschen geraten aber unverschuldet, z. B. durch Arbeitslosigkeit oder gesundheitliche Probleme, in diese Lage. Auch die Familie Huber ist in eine, allerdings selbst verschuldete, Notlage geraten.

**1** Was bedeutete für die Hubers Lebensstandard?

- Sich alle Wünsche erfüllen
- Luxus, Reisen usw.
- Gutes Leben

**2** Welche Fehler machte Familie Huber? Ergänze die Übersicht mithilfe des Schülerbuchs, Seite 55.

- Haushaltsplanung ohne Haushaltsbuch
- keine Rücklagen gebildet (Sparen)
- über ihre Verhältnisse gelebt
- Wünsche nur über Kredite finanziert
- Bedürfnisse nicht nach dem Einkommen geplant

→ **Überblick über die Finanzen geht verloren** → **Überschuldung** → **Sozialer Abstieg** / **Armut**

**Merke** Unkontrolliertes Konsumverhalten, keine gewissenhafte Haushaltsplanung und ein Leben über die eigenen Verhältnisse sind oft Gründe für eine Überschuldung und den sozialen Abstieg.





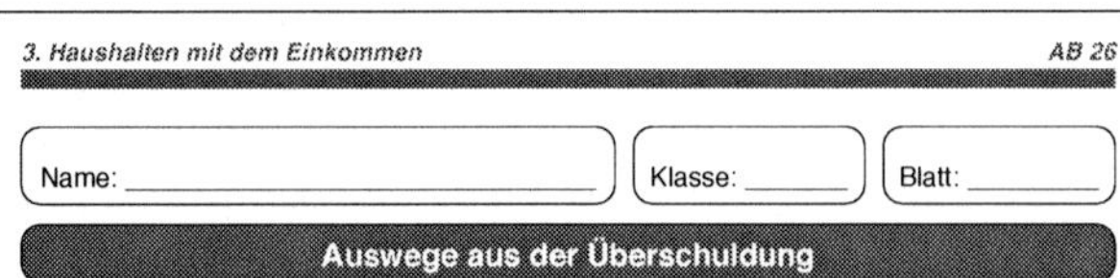

Name: ____ Klasse: ____ Blatt: ____

## Auswege aus der Überschuldung

Grund für die zunehmende Überschuldung ist oft der ungezügelte Kauf auf Kredit, wenn Kreditzinsen steigen überschuldet sich viele, weil sie ihre Darlehen nicht mehr bezahlen können.

**1** Beantworte Punkt 1 bis 3.

1. **Guter Rat kostet nichts bei Schuldnerberatungsstellen von:**
   - Gemeinden
   - sozialen Verbänden
   - seriösen Geldinstituten
2. **Guter Rat wird teuer bei:**
   - Kredithaien
   - angeblich guten Freunden
   - unseriösen Kreditinstituten
3. **Auswege aus der Überschuldung:**
   - Inanspruchnahme der Schuldnerberatung
   - Eigenverantwortung und Selbsthilfe, z. B. Haushaltsbuch führen, sparen, Nebenjob suchen, Kaufverhalten ändern, Ansprüche reduzieren, Überflüssiges verkaufen, Energie sparen, Gebrauchtwagen statt Neuwagen, Secondhand-Waren kaufen
   - Einkaufsgewohnheiten überdenken, z. B. Einkaufsgewohnheiten überdenken (Internetkauf, Sonderangebote nutzen, Angebote vergleichen usw.)
   - Was brauche ich wirklich? Einkaufszettel schreiben
   - Lebensvorstellung überdenken

**Konsumfreudige Jugend**

Jährliche Einnahmen und Ausgaben der 6- bis 19-Jährigen

Einnahmen insgesamt: 20,5 Mrd. Euro — Ausgaben insgesamt: 22,9 Mrd. Euro

**2** Die Grafik zeigt, wofür Jugendliche ihr Geld ausgeben. Vergleiche Einnahmen und Ausgaben. Was fällt dir auf, was kann man daraus folgern? Überprüfe deine Einnahmen und Ausgaben.

**Merke** Es ist keine Schande, wenn man sich bei Überschuldung Hilfe und Rat holt. Eigenverantwortung und rechtzeitige professionelle Hilfe können vor sozialem Abstieg bewahren und eine solide Finanz- und Lebensplanung ermöglichen.

Name: ____ Klasse: ____ Blatt: ____

## Taschengeld und Konsumdruck

Nicht nur Erwachsene geraten in die Schuldenfalle. Auch immer mehr Jugendliche kommen mit ihrem Taschengeld nicht aus, weil sie durch gezielte Werbung, Bedürfnisbefriedigung und Gruppendruck in eine Art Konsumdruck geraten, dem sie nicht widerstehen können.

**1** Nenne Gründe für die Verschuldung Jugendlicher.

- Bedürfnisweckung durch Werbung
- Bedürfnisbefriedigung
- Besitzdenken
- Gruppenzwang
- Vorstellung vom Lebensstandard
- Unreflektierte Käufe

„Ich verstehe das nicht, mein Taschengeld reicht nie aus. Bei Oma, bei Kathrin und Lukas stehe ich in der Kreide. Woher nehme ich das Geld für mein neues Handy?"

**2** Wie verhindert man den Konsumdruck? Ergänze die Übersicht.

| Bei den Finanzen | Beim Konsumverhalten |
|---|---|
| Haushaltsbuch führen<br>Langfristige Planung<br>Rücklagen bilden | Nutzen-Kosten-Analyse<br>Warum muss es die Nobelmarke sein? |

| In der Gruppe | Bei mir selbst |
|---|---|
| Ich widersetze mich dem Gruppenzwang.<br>Ich suche mir neue Freunde, die mich so akzeptieren, wie ich bin. | Ich verzichte.<br>Ich hinterfrage meine Bedürfnisse.<br>Ich stärke mein Selbstbewusstsein und vertrete meine Ansicht. |

**Merke** Die Anerkennung unter Freunden darf nicht vom Gruppenzwang abhängen. Eigenverantwortung und Selbstbewusstsein sind ein Kennzeichen von Selbstständigkeit und nicht ein Zeichen von Schwäche. Lieber ein kritischer und ein zufriedener Mensch sein, als ein überschuldeter unzufriedener Konsument.

Name: ______ Klasse: ______ Blatt: ______

## Der Markt – Treffpunkt von Käufer und Verkäufer

Im täglichen Leben kaufen wir auf den verschiedensten Märkten Waren und Dienstleistungen ein. Dabei orientieren wir uns am aktuellen Marktangebot.

**1** Auf welchen Märkten kaufen wir Waren oder Dienstleistungen ein?

- Wochenmarkt (Waren des tägl. Bedarfs)
- Supermarkt (Alles unter einem Dach)
- Stellenmarkt (Arbeitsstellen usw.)
- Reisemarkt (Urlaubsreisen, Flugreisen usw.)
- Wohnungsmarkt (Wohnungen, Häuser usw.)
- Internet, Online-Einkauf

**2** Vergleiche „Tante-Emma-Laden" und Supermarkt.

- Beide „Warenhaus" mit vielen Abteilungen
- Tante-Emma-Laden nicht mehr konkurrenzfähig
- Supermärkte meist große Einzelhandelsketten

**3** Erkläre in Stichpunkten, was Einkaufen heute bedeutet.

- Auswahl zwischen vielen Geschäften, die gleiche und gleichartige Waren anbieten
- Markterkundung der Verkaufsangebote
- Vergleichen der angebotenen Waren und Dienstleistungen

**4** Nenne Betriebsformen des Einzelhandels.

- Warenhäuser, Supermarkt
- Verbrauchermärkte, Discounter
- Versandhäuser
- E-Commerce
- Fachgeschäfte aller Art, z. B. Lebensmittel, Reformhaus, Schuhgeschäft

**Merke** Der Verbraucher muss die Angebote auf dem Markt vergleichen, bevor er sich für den Kauf einer Ware oder Dienstleistung entscheidet, um sich nicht zu „verkaufen".





Name: ______ Klasse: ______ Blatt: ______

## Angebot und Nachfrage

**1** Welche Ziele verfolgen Anbieter und Kunden?

**Anbieter:** Umsatzsteigerung, Gewinn, Kundenzufriedenheit, Marktanteile, Wettbewerbsfähigkeit

**Kunden:** umfangreiches Warenangebot, reichhaltiges Sortiment, günstige Preise, gute Waren

**2** Welche Strategien wenden Anbieter und Kunden beim Ver- bzw. Einkauf an?

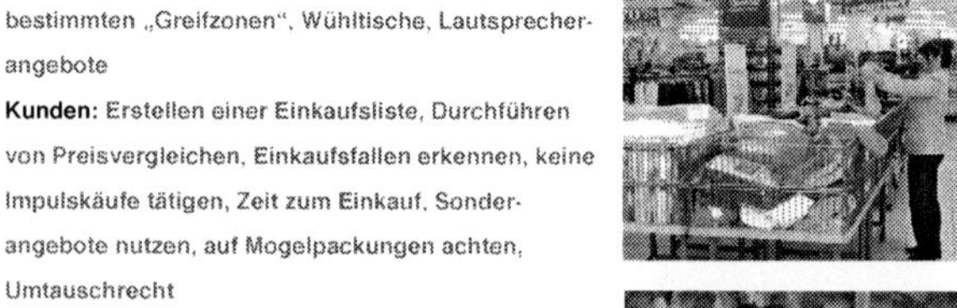

**Anbieter:** Platzierung der Sonderangebote, Grundnahrungsmittel, Markenartikel, Süßigkeiten usw. in bestimmten „Greifzonen", Wühltische, Lautsprecherangebote

**Kunden:** Erstellen einer Einkaufsliste, Durchführen von Preisvergleichen, Einkaufsfallen erkennen, keine Impulskäufe tätigen, Zeit zum Einkauf, Sonderangebote nutzen, auf Mogelpackungen achten, Umtauschrecht

**3** Was möchten die Kunden beim Einkauf vorfinden?

- Breites Warenangebot, gut präsentiert
- Frische Produkte, Qualitätsprodukte
- Fachliche Beratung, wenn gewünscht
- Freundliche Verkäufer, guter Service
- Genügend Kassen, wenig Wartezeit
- Erlebnischarakter (Imbiss, angenehme Musik, Kinderbetreuung usw.)
- Genügend Parkplätze

**Merke** Anbieter und Kunden haben unterschiedliche Interessen. Die Kundenzufriedenheit versuchen die Anbieter durch gezielte Werbung und kundenfreundliche Gestaltung beim Verkauf zu erreichen.





Name: ______ Klasse: ______ Blatt: ______

## Verpackung und Abfall

Es gibt heute kaum mehr ein Produkt, das nicht verpackt ist. Verpackungen bestehen oft aus wertvollen Rohstoffen, die immer knapper werden. Deshalb sind viele Verpackungen für die Müllhalde zuschade. Sie sollten gesammelt und der Wiederverwertung zugeführt werden.

**1** Ordne durch Pfeile zu.

Verpackungen sind „Informanten" über Produkte. Je nach Produkt kann aufgedruckt sein:

- Produktname
- Zutatenliste
- Mengenangabe
- Mindesthaltbarkeitsdatum
- Hersteller, hergestellt in ...
- Seriennummer
- Werknummer usw.

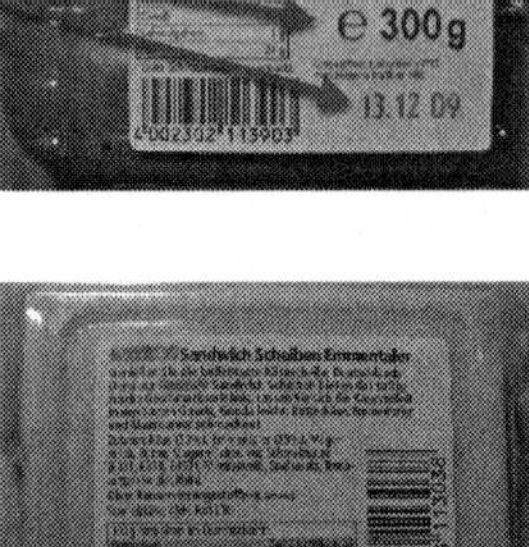


**2** Nenne Funktionen von Verpackungen.

- Schutz des Produkts
- Hygiene bei Lebensmitteln
- Leichter Transport (Kisten, Palette usw.)
- Regalgerechte Lagerung
- Kaufanregung

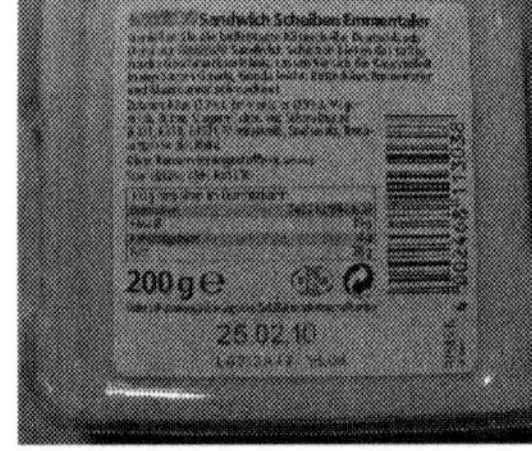


**3** Wo kann Verpackungsmüll entsorgt werden?

- Container beim Supermarkt (Styropor, Papier, Plastik, Batterien usw.)
- Mülltrennung zu Hause
- Wertstoffhof
- Rückgabeautomaten für Pfandflaschen

**Merke** Die Verbrauchermärkte und Händler sind verpflichtet, Verpackungen zurückzunehmen. Meist bieten sie kleine Container für Plastik- und Papierverpackungen sowie Rücknahmegeräte für Glas- und Plastikpfandflaschen an.





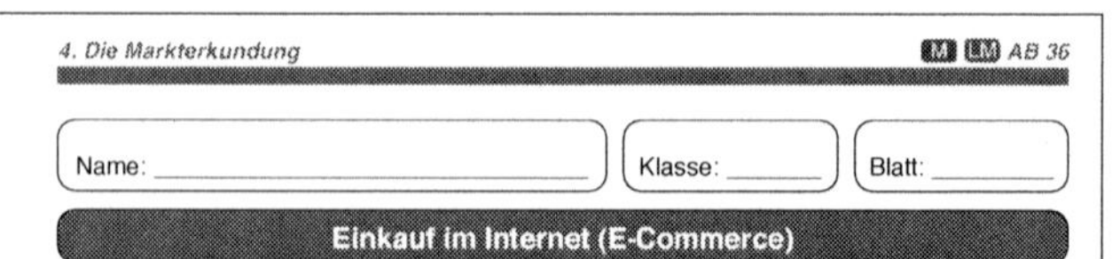

Name: ______ Klasse: ______ Blatt: ______

## Einkauf im Internet (E-Commerce)

Das Internet ist mittlerweile zum Massenmedium geworden, das weltweit von Millionen Menschen, von der Wirtschaft, für den Handel, Kauf und Verkauf von Waren und Dienstleistungen usw. genutzt wird. Es ist aus unserem Leben nicht mehr wegzudenken.

**1** Was ist das World Wide Web?

- Internetdienst, Voraussetzung ist ein Internetanschluss (= Zugangsberechtigung)
- Stellt weltweit Informationen zur Verfügung
- Ermöglicht, weltweit mithilfe von Suchmaschinen Informationen abzurufen
- Ermöglicht weltweiten E-Mail-Verkehr
- Ermöglicht E-Commerce, Online-Shopping, Online-Banking usw.
- Ermöglicht das Herunterladen von Software, Videodateien usw.

**2** Nenne Vor- und Nachteile des Einkaufens im Internet.

- Einkauf rund um die Uhr möglich
- Schneller Angebotsvergleich, Angebot oft umfangreicher als im Laden
- Sparmöglichkeit durch Nutzung aktueller Tagespreise
- Ersteigerung von angebotenen Produkten und Dienstleistungen

- Keine persönliche Beratung durch Fachkraft
- Kein oder wenig Service, keine Begutachtung der Ware
- Reklamationen und Umtausch schwieriger
- Datenschutz nicht immer gewährleistet
- Verführt leicht zum Spontankauf durch einfache Bestellmöglichkeiten

**3** Welche Vorsichtsmaßnahmen sind beim Einkauf im Internet zu beachten?

- Geschäftsbedingungen genau lesen
- Zahlungs- und Lieferbedingungen, Umtauschmöglichkeiten und Rücktrittsmöglichkeiten beim Internetkauf genauestens durchlesen
- Neueste Virenscanner benutzen, da Infizierung mit Computerviren möglich ist

**Merke** Der Begriff E-Commerce steht für den elektronischen Einkauf, Verkauf und Handel von Waren und Dienstleistungen aller Art über das Internet. Das Internet ist zeitsparend, reduziert Kosten, birgt aber auch Gefahren in sich.

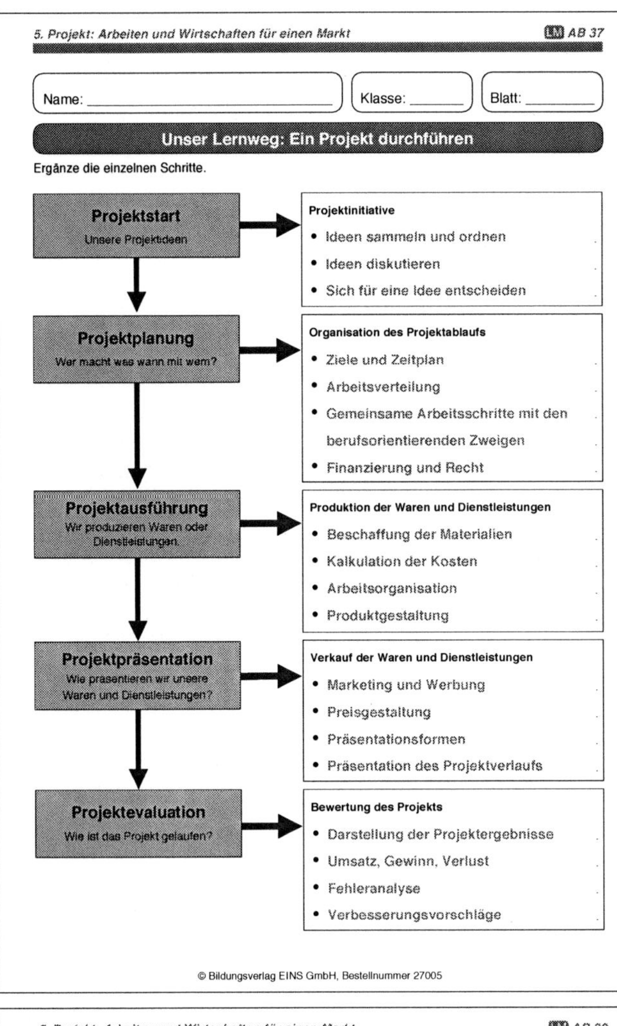

*5. Projekt: Arbeiten und Wirtschaften für einen Markt* — LM AB 37

Name: ____________ Klasse: ______ Blatt: ______

## Unser Lernweg: Ein Projekt durchführen

Ergänze die einzelnen Schritte.



**Projektinitiative**
- Ideen sammeln und ordnen
- Ideen diskutieren
- Sich für eine Idee entscheiden

**Organisation des Projektablaufs**
- Ziele und Zeitplan
- Arbeitsverteilung
- Gemeinsame Arbeitsschritte mit den berufsorientierenden Zweigen
- Finanzierung und Recht

**Produktion der Waren und Dienstleistungen**
- Beschaffung der Materialien
- Kalkulation der Kosten
- Arbeitsorganisation
- Produktgestaltung

**Verkauf der Waren und Dienstleistungen**
- Marketing und Werbung
- Preisgestaltung
- Präsentationsformen
- Präsentation des Projektverlaufs

**Bewertung des Projekts**
- Darstellung der Projektergebnisse
- Umsatz, Gewinn, Verlust
- Fehleranalyse
- Verbesserungsvorschläge



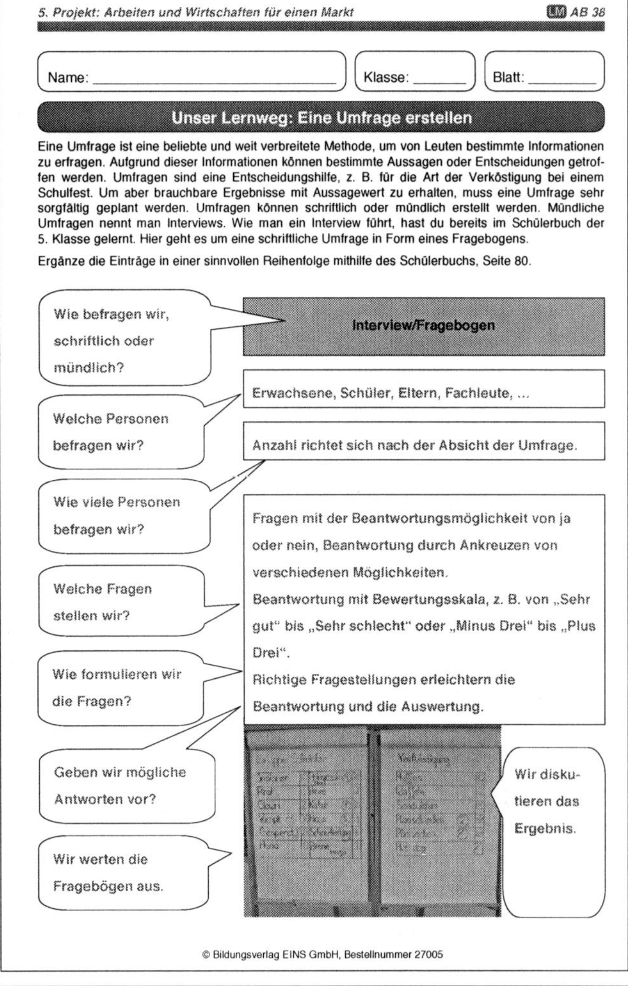

*5. Projekt: Arbeiten und Wirtschaften für einen Markt* — LM AB 38

Name: ____________ Klasse: ______ Blatt: ______

## Unser Lernweg: Eine Umfrage erstellen

Eine Umfrage ist eine beliebte und weit verbreitete Methode, um von Leuten bestimmte Informationen zu erfragen. Aufgrund dieser Informationen können bestimmte Aussagen oder Entscheidungen getroffen werden. Umfragen sind eine Entscheidungshilfe, z. B. für die Art der Verköstigung bei einem Schulfest. Um aber brauchbare Ergebnisse mit Aussagewert zu erhalten, muss eine Umfrage sehr sorgfältig geplant werden. Umfragen können schriftlich oder mündlich erstellt werden. Mündliche Umfragen nennt man Interviews. Wie man ein Interview führt, hast du bereits im Schülerbuch der 5. Klasse gelernt. Hier geht es um eine schriftliche Umfrage in Form eines Fragebogens.

Ergänze die Einträge in einer sinnvollen Reihenfolge mithilfe des Schülerbuchs, Seite 80.





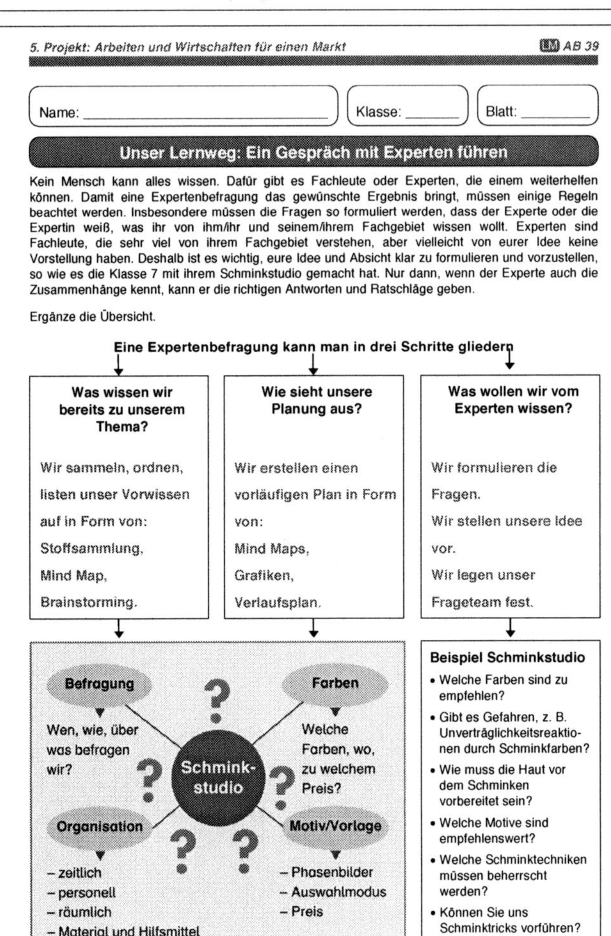

*5. Projekt: Arbeiten und Wirtschaften für einen Markt* — LM AB 39

Name: ____________ Klasse: ______ Blatt: ______

## Unser Lernweg: Ein Gespräch mit Experten führen

Kein Mensch kann alles wissen. Dafür gibt es Fachleute oder Experten, die einem weiterhelfen können. Damit eine Expertenbefragung das gewünschte Ergebnis bringt, müssen einige Regeln beachtet werden. Insbesondere müssen die Fragen so formuliert werden, dass der Experte oder die Expertin weiß, was ihr von ihm/ihr und seinem/ihrem Fachgebiet wissen wollt. Experten sind Fachleute, die sehr viel von ihrem Fachgebiet verstehen, aber vielleicht von eurer Idee keine Vorstellung haben. Deshalb ist es wichtig, eure Idee und Absicht klar zu formulieren und vorzustellen, so wie es die Klasse 7 mit ihrem Schminkstudio gemacht hat. Nur dann, wenn der Experte auch die Zusammenhänge kennt, kann er die richtigen Antworten und Ratschläge geben.

Ergänze die Übersicht.

**Eine Expertenbefragung kann man in drei Schritte gliedern**

| Was wissen wir bereits zu unserem Thema? | Wie sieht unsere Planung aus? | Was wollen wir vom Experten wissen? |
|---|---|---|
| Wir sammeln, ordnen, listen unser Vorwissen auf in Form von: Stoffsammlung, Mind Map, Brainstorming. | Wir erstellen einen vorläufigen Plan in Form von: Mind Maps, Grafiken, Verlaufsplan. | Wir formulieren die Fragen. Wir stellen unsere Idee vor. Wir legen unser Frageteam fest. |



**Beispiel Schminkstudio**
- Welche Farben sind zu empfehlen?
- Gibt es Gefahren, z. B. Unverträglichkeitsreaktionen durch Schminkfarben?
- Wie muss die Haut vor dem Schminken vorbereitet sein?
- Welche Motive sind empfehlenswert?
- Welche Schminktechniken müssen beherrscht werden?
- Können Sie uns Schminktricks vorführen?



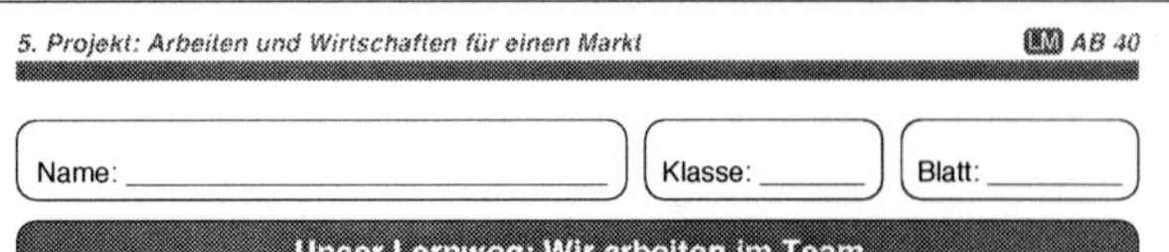

*5. Projekt: Arbeiten und Wirtschaften für einen Markt* — LM AB 40

Name: ____________ Klasse: ______ Blatt: ______

## Unser Lernweg: Wir arbeiten im Team

Arbeiten im Team oder Arbeiten in der Gruppe ist eine der Qualifikationen, die du für die spätere Arbeit im Beruf brauchst. Teamarbeit bedeutet, dass die Arbeit und ihre Organisation auf ein Team von Mitarbeitern verteilt wird. Diese Teammitglieder teilen sich die anfallenden Arbeiten nach ihren Fähigkeiten, d. h.: Jedes Teammitglied ist für einen bestimmten Arbeitsbereich oder Arbeitsvorgang verantwortlich, den es besonders gut kann oder eine besondere fachliche Qualifikation dazu hat, kurz gesagt: Nicht jeder kann alles gleich gut und ist auf jedem Gebiet ein Fachmann. Der Vorteil der Teamarbeit besteht darin, dass diese Einzelqualifikationen dann zum gemeinsamen Gesamt- oder Arbeitsergebnis führen. Damit Teamarbeit funktioniert, sind neben der Einzelqualifikation bestimmte Regeln die Voraussetzung, an die sich jedes Mitglied der Gruppe, des Teams zu halten hat.

Setze die Regeln für Teamarbeit ein

**Teamarbeit funktioniert, wenn**

- Ziele und Regeln klar definiert sind.
- alle Gruppenmitglieder gleichberechtigt sind.
- Aufgaben an alle gerecht verteilt sind.
- der Zeitplan feststeht.
- die Arbeitsplätze festgelegt sind.
- die Arbeitsaufträge schriftlich verteilt sind.
- die Rollen im Team verteilt sind (z. B. Gruppensprecher, Protokollführer, Regelwächter usw.).
- vor Beginn nochmals Arbeits- und Organisationsplan durchgesprochen werden.
- ein fairer Umgangston herrscht (Zuhören, Sprache, Verhalten, Diskutieren, Entscheiden).
- Konflikte gemeinsam sachlich diskutiert und gelöst werden.
- die Teamarbeit am Ende offen und ehrlich bewertet wird.

Name: ______ Klasse: ______ Blatt: ______

## Wie senken wir die Produktionskosten?

**1** Ergänze die jeweilige Übersicht.

**1. Wir kaufen wirtschaftlich ein**
- Günstige Einkaufsquellen: ______
- Preisvergleiche: ______
- Sonderangebote: ______
- Lieferbedingungen: ______
- Zahlungsbedingungen: ______

**2. Wir arbeiten rationell**
- Spezialisten: ______
- Prototypen: ______
- Arbeitszerlegung: ______
- Maschineneinsatz: ______
- Arbeitsverteilung: ______
- ______
- ______

**3. Wir finanzieren kostengünstig.**
- Eigenkapital: ______
- Möglichkeiten der Fremdfinanzierung: ______
- Vergleich von Finanzierungsangeboten: ______
- ______

**2** Formuliere einen Merksatz.

**Merke** Die Produktionskosten werden mitbestimmt von den Rohstoffpreisen, dem Können der Mitarbeiter, dem Einsatz von Maschinen, dem rationellen Arbeitsablauf und von der kostengünstigsten Finanzierung.



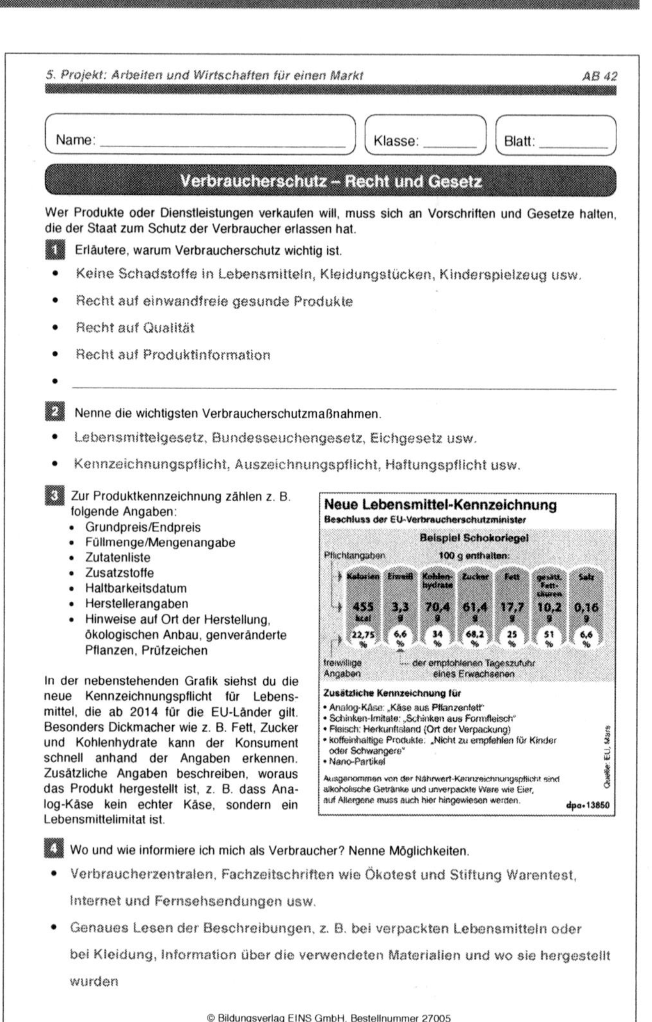


Name: ______ Klasse: ______ Blatt: ______

## Verbraucherschutz – Recht und Gesetz

Wer Produkte oder Dienstleistungen verkaufen will, muss sich an Vorschriften und Gesetze halten, die der Staat zum Schutz der Verbraucher erlassen hat.

**1** Erläutere, warum Verbraucherschutz wichtig ist.
- Keine Schadstoffe in Lebensmitteln, Kleidungstücken, Kinderspielzeug usw.
- Recht auf einwandfreie gesunde Produkte
- Recht auf Qualität
- Recht auf Produktinformation
- ______

**2** Nenne die wichtigsten Verbraucherschutzmaßnahmen.
- Lebensmittelgesetz, Bundesseuchengesetz, Eichgesetz usw.
- Kennzeichnungspflicht, Auszeichnungspflicht, Haftungspflicht usw.

**3** Zur Produktkennzeichnung zählen z. B. folgende Angaben:
- Grundpreis/Endpreis
- Füllmenge/Mengenangabe
- Zutatenliste
- Zusatzstoffe
- Haltbarkeitsdatum
- Herstellerangaben
- Hinweise auf Ort der Herstellung, ökologischen Anbau, genveränderte Pflanzen, Prüfzeichen

In der nebenstehenden Grafik siehst du die neue Kennzeichnungspflicht für Lebensmittel, die ab 2014 für die EU-Länder gilt. Besonders Dickmacher wie z. B. Fett, Zucker und Kohlenhydrate kann der Konsument schnell anhand der Angaben erkennen. Zusätzliche Angaben beschreiben, woraus das Produkt hergestellt ist, z. B. dass Analog-Käse kein echter Käse, sondern ein Lebensmittelimitat ist.



**4** Wo und wie informiere ich mich als Verbraucher? Nenne Möglichkeiten.
- Verbraucherzentralen, Fachzeitschriften wie Ökotest und Stiftung Warentest, Internet und Fernsehsendungen usw.
- Genaues Lesen der Beschreibungen, z. B. bei verpackten Lebensmitteln oder bei Kleidung, Information über die verwendeten Materialien und wo sie hergestellt wurden

Name: ______ Klasse: ______ Blatt: ______

## Wirtschaften für einen Markt

Ergänze die Übersicht.

**Wirtschaften für einen Markt bedeutet:**

| | |
|---|---|
| Produktion nach markt- und betriebswirtschaftlichen Grundsätzen | Orientierung am Marktgeschehen |
| Die Produktion von Waren und Dienstleistungen ist abhängig von den Wünschen und Bedürfnissen der Kunden. | Der Markt ist Treffpunkt der Warenanbieter und Käufer oder Treffpunkt von Angebot und Nachfrage. |

**Der Produzent muss:**
- Marktforschung betreiben
- Finanzierung sichern
- wirtschaftlich einkaufen
- rationell produzieren und arbeiten
- Preise marktorientiert kalkulieren
- Absatzwege und Verkauf kundenfreundlich gestalten

**Marketing sind alle Maßnahmen des Anbieters, um den Verkaufserfolg zu sichern und zu steigern.**
- **Marktforschung:** Was will mein Kunde?
- **Produktgestaltung:** Wie soll es aussehen?
- **Produktpräsentation:** Wie biete ich es an?
- **Produktwerbung:** Wie informiere ich Kunden?
- **Produktpreis:** Ist der Preis für mich rentabel?

**Merke** **Betriebswirtschaftliches Handeln** entscheidet über Umsatz, Gewinn oder Verlust.





Name: ______ Klasse: ______ Blatt: ______

## Technisierung im Haushalt

**1** Arbeitsplatz Haushalt früher und heute: Ergänze mit Beispielen.

| Früher Handarbeit, z. B. | Heute Bedienarbeit, z. B. |
|---|---|
| kein fließendes Wasser, Wäsche waschen, Holzküchenherd, Holzofen, Teig kneten ... | Wasserversorgung, Waschmaschine, elektrischer Herd, Zentralheizung, Küchenmaschinen usw. |

**2** Haustechnik und Haushaltstechnik: Ergänze mit Beispielen.

**Haustechnik:**
- Trink- und Abwasserversorgung
- Elektrische Energieversorgung
- Verschiedene Heizungssysteme
- Sicherungssysteme (elektrische Rollladen usw.)
- ______
- ______

**Haushaltstechnik:**
- Essenszubereitung (Mikrowelle, Mixer, Herd, Backofen)
- Lebensmittelkonservierung (Kühlschrank usw.)
- Reinigungs- und Pflegearbeiten mithilfe von Maschinen (Staubsauger, Waschmaschine usw.)
- ______
- ______
- ______

**Merke** Die Technik im Haushalt hat den Arbeitsplatz Haushalt wesentlich verändert. Haustechnik umfasst alle technischen Einrichtungen und Geräte für die Versorgung des Hauses mit Wasser, Strom und Energie. Haushaltstechnik umfasst alle technischen Geräte für den Arbeitsplatz Haushalt.

*6. Arbeit, Technik, Haushalt* *AB 46*

Name: ______ Klasse: ______ Blatt: ______

## Technikeinsatz im Haushalt

**1** Welche technischen Geräte finden sich in einem Haushalt? Ergänze mögliche Haushaltsgeräte.

- **Küche:** Elektroherd, Spülmaschine, Mikrowellenherd, Toaster
- **Wohnzimmer:** Fernsehgerät, DVD-Player
- **Arbeitszimmer:** Computer, Faxgerät, Telefon
- **Kinderzimmer:** Beleuchtung, Computer, Stereoanlage
- **Schlafzimmer:** Beleuchtung, Radio
- **Keller:** Heizung, Gefriertruhe, Versorgungsanschlüsse wie Strom und Gas

**2** Technikeinsatz im Alltag: Beantworte diese Fragen auf einem Extrablatt (Arbeitsaufgabe 2 Schülerbuch, Seite 109).

- Welche Geräte verwenden wir täglich?
- Wie lange verwenden wir diese Geräte?
- Welche Geräte sind unbedingt nötig?

**3** Beispiel: Mikrowelleneinsatz bei Familie Schmidt. Beantworte folgende Fragen:

- Warum möchte Frau Schmidt eine Mikrowelle?
- Was kann die Mikrowelle?
- Was kann die Mikrowelle nicht?

Frau Schmidt ist halbtags berufstätig. Sie kommt mit ihren beiden Kindern am Mittag gleichzeitig nach Hause. Auch ihr Mann, der eine Stunde Mittagspause hat, kommt meistens zum Mittagessen. Natürlich haben alle einen Riesenhunger. Doch es dauert seine Zeit, bis das Essen auf dem Tisch steht. Und dann geht es hoppla hopp, denn Herr Schmidt muss wieder zur Arbeit.

Eine Mikrowelle wäre das Beste. Bis der Tisch aufgedeckt wird, wäre die Suppe bereits heiß. Während wir die Suppe essen, würde das Hauptgericht erwärmt. Wir könnten uns gemeinsam mehr Zeit zum Essen lassen. Außerdem kostet es weniger Strom als das Erwärmen auf dem Herd.

**Merke** Technische Geräte im Haushalt gibt es für fast jeden Zweck und jede anfallende Arbeit. Viele dieser Geräte sind sinnvoll, notwendig und bringen Vorteile. Manche Geräte allerdings sind Luxus, und mit Handarbeit ist man oft schneller am Ziel.



*6. Arbeit, Technik, Haushalt* *AB 47*

Name: ______ Klasse: ______ Blatt: ______

## Wie viel Technik im Haushalt muss sein?

### Technik pur rund um die Uhr bei Familie Hausner

Das sind **Herr und Frau Hausner**. Beide sind ganztags berufstätig, essen unter der Woche in der Kantine und gehen sonntags meist zum Essen, damit Frau Hausner nicht kochen muss.

Sie wohnen in einem Reihenhäuschen mit 250 Quadratmeter Rasenfläche und zwei Obstbäumchen. **Beide sind stolz auf ihren hoch technisierten Haushalt:** Vollautomatischer Herd, Mikrowelle, Kleinbackofen, Holzbackofen, Eierkocher, Wasserkocher, Joghurtmaschine, Eismaschine, Kühlschrank, Kühltruhe, Brotschneidemaschine, Sägemesser, Geschirrspüler, Staubsauger, Waschmaschine, Toaster, Waffeleisen, Mixer, Wäschetrockner, Rasentraktor, Hochdruckreiniger, Tischstaubsauger, Kaffeemaschine, Espressomaschine, Küchenmaschine, Kartoffelreibe, Mineralwasserbereiter, Rasentrimmer, Laubsauger, Gartenhäcksler, Zahnbürste, Munddusche, Schuhputzautomat, Minifernseher für die Küche, Handtuchtrockner, Lockenstab, Föhn, Massageheimgerät, Laufband, Bauchtrimmer, Autopoliermaschine, Trockenhaube, Rotlicht, Heizkissen, Terrassenheizer, Weckradio, zwei Fernseher, DVD-Player, Sauna, Bügelmaschine, Sonnenbank, Gesichtsbräuner usw.

**1** Wie denkt ihr über die Einstellung der Technikfreaks Hausner? Begründet eure Meinung.

**2** Welche Haushaltsgeräte sollte ein Vierpersonenhaushalt haben? Ergänze die Auflistung.

- **Herd,** Kaffeemaschine, Kühlschrank usw.
- **Spülmaschine**
- **Fernseher,** Computer, Drucker, Telefon usw.
- Staubsauger usw.
- Waschmaschine, Bügeleisen usw.

**3** Welche Gesichtspunkte sollten die Anschaffung eines Haushaltsgerätes beeinflussen?

- Ist der Einsatz notwendig?
- Ist der Einsatz wirtschaftlich?
- Nützt er allen Haushaltsmitgliedern?
- Kann sich der Haushalt die Anschaffung leisten?
- Lohnt sich der Kauf auf Kredit?

**Merke** Die Technik im Haushalt erleichtert die Haushaltsarbeit, sie nimmt sie uns aber nicht ab. Deswegen muss die Anschaffung eines Haushaltsgerätes wohl überlegt und sein Nutzen begründet sein.



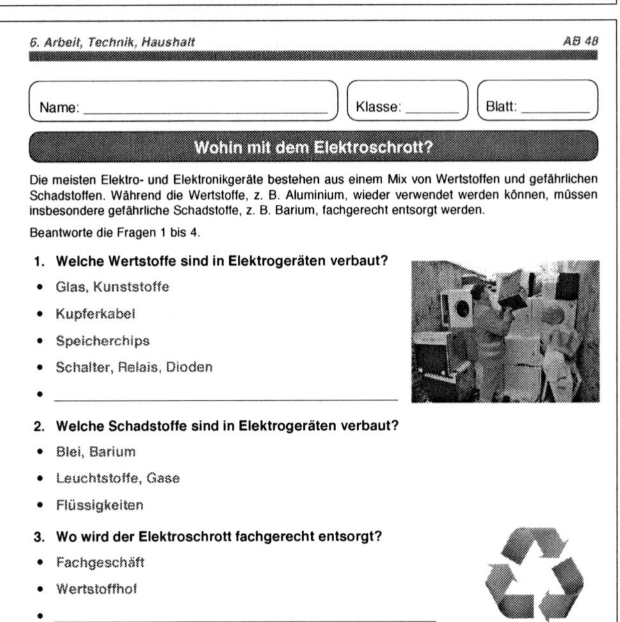

*6. Arbeit, Technik, Haushalt* *AB 48*

Name: ______ Klasse: ______ Blatt: ______

## Wohin mit dem Elektroschrott?

Die meisten Elektro- und Elektronikgeräte bestehen aus einem Mix von Wertstoffen und gefährlichen Schadstoffen. Während die Wertstoffe, z. B. Aluminium, wieder verwendet werden können, müssen insbesondere gefährliche Schadstoffe, z. B. Barium, fachgerecht entsorgt werden.

Beantworte die Fragen 1 bis 4.

1. **Welche Wertstoffe sind in Elektrogeräten verbaut?**
   - Glas, Kunststoffe
   - Kupferkabel
   - Speicherchips
   - Schalter, Relais, Dioden
   - ______
2. **Welche Schadstoffe sind in Elektrogeräten verbaut?**
   - Blei, Barium
   - Leuchtstoffe, Gase
   - Flüssigkeiten
3. **Wo wird der Elektroschrott fachgerecht entsorgt?**
   - Fachgeschäft
   - Wertstoffhof
   - ______
4. **Warum muss die Entsorgung fachgerecht vorgenommen werden?**
   - Gefahr für den Menschen
   - Gefahr für die Umwelt
   - Recycling der wertvollen Stoffe

**Merke** Für viele Sachgüter und Produkte im Haushalt werden wertvolle Rohstoffe zur Herstellung verwendet. In vielen Elektrogeräten sind besonders wertvolle Materialien, aber auch Schadstoffe verbaut. Deshalb müssen sie fachgerecht entsorgt werden.



*6. Arbeit, Technik, Haushalt* *AB 49*

Name: ______ Klasse: ______ Blatt: ______

## Energiekosten senken – ein Gebot der Stunde

**1** Beantworte die Fragen 1 bis 3.

1. **Warum steigen die Energiekosten ständig an?**
   - Verknappung der Erdöl- und Erdgasvorräte
   - Mehr elektrische Geräte in den Haushalten
   - ______
   - ______
2. **Was ist bei der Neuanschaffung eines Haushaltsgerätes wichtig?**
   - Geringer Energieverbrauch, z. B. Kühlschrank
   - Geringer Wasserverbrauch, z. B. Waschmaschine
   - Kennzeichnung mit dem Euro-Label
   - ______
   - ______
3. **Wo kann bei den Stromkosten gespart werden?**
   - Austausch von „Energiefressern"
   - Einsatz von Energiesparlampen
   - Stand-by-Funktion spart keine Energie
   - Volumen der Wasch- bzw. Geschirrspülmaschine ausnutzen
   - ______

Energie
Niedriger Verbrauch
A B C D E F G
A
Hoher Verbrauch
153

**Beispiel Stromsparen in deinem Privatbereich**

**2** Berechne die Stromkostenersparnis für ein Gerät, z. B. Fernseher oder Radiorekorder aus deinem Arbeitszimmer, wenn du es auf nicht auf Stand-by stehen lässt, sondern grundsätzlich vom Stromnetz trennst.

| | |
|---|---|
| Stand-by-Zeit Std./Tag | ______ |
| Stand-by-Watt/Std. | ______ |
| kWh pro Jahr | ______ |
| Kosten für 1 kWh | ______ |
| Kosten pro Jahr | ______ |

**Merke** Die Verknappung der Energieressourcen und die steigenden Energiekosten erfordern einen verantwortungsvollen Energieverbrauch.

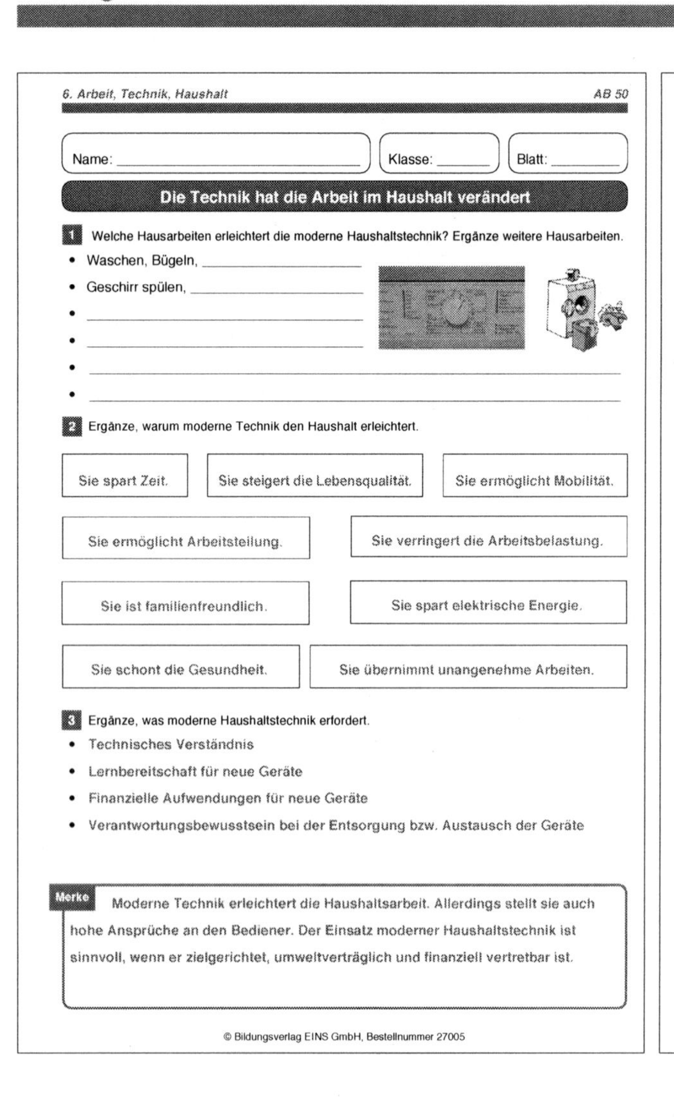

*6. Arbeit, Technik, Haushalt* — *AB 50*

Name: ____________ Klasse: ______ Blatt: ______

## Die Technik hat die Arbeit im Haushalt verändert

**1** Welche Hausarbeiten erleichtert die moderne Haushaltstechnik? Ergänze weitere Hausarbeiten.

- Waschen, Bügeln, ____________
- Geschirr spülen, ____________
- ____________
- ____________
- ____________
- ____________

**2** Ergänze, warum moderne Technik den Haushalt erleichtert.

| | | |
|---|---|---|
| Sie spart Zeit. | Sie steigert die Lebensqualität. | Sie ermöglicht Mobilität. |
| Sie ermöglicht Arbeitsteilung. | Sie verringert die Arbeitsbelastung. | |
| Sie ist familienfreundlich. | Sie spart elektrische Energie. | |
| Sie schont die Gesundheit. | Sie übernimmt unangenehme Arbeiten. | |

**3** Ergänze, was moderne Haushaltstechnik erfordert.

- Technisches Verständnis
- Lernbereitschaft für neue Geräte
- Finanzielle Aufwendungen für neue Geräte
- Verantwortungsbewusstsein bei der Entsorgung bzw. Austausch der Geräte

**Merke** Moderne Technik erleichtert die Haushaltsarbeit. Allerdings stellt sie auch hohe Ansprüche an den Bediener. Der Einsatz moderner Haushaltstechnik ist sinnvoll, wenn er zielgerichtet, umweltverträglich und finanziell vertretbar ist.

*6. Arbeit, Technik, Haushalt* — M *AB 51*

Name: ____________ Klasse: ______ Blatt: ______

## Grenzen, Risiken und Chancen der Technik im Haushalt

Bei allen Vorteilen, die der technische Fortschritt im Haushalt bringt, gibt es auch Grenzen, Chancen und Risiken für ihre Beschaffung, ihren Einsatz, Ihre Handhabung und ihre Nutzer.

Ergänze die Übersicht 1 bis 3 und formuliere einen Merksatz.

**1. Grenzen der Haushaltstechnik finden sich:**

- **im wirtschaftlichen Bereich:**
  Finanzierbarkeit, Folgekosten, Energieverbrauch, familiäre Bedürfnisse
- **im technischen Bereich:**
  Handhabung, Aufbewahrung, Einsatzmöglichkeit, Gerätebedienung, Entsorgung
- **im menschlichen Bereich:**
  technisches Verständnis, Technikuberzeugung, Lernbereitschaft

**2. Risiken der Haushaltstechnik finden sich:**

- in der Gesundheitsgefährdung,
- im Missbrauch,
- in der Technikhörigkeit,
- in der Effektivität des Gerätes,
- im Energieverbrauch,
- in der Technikabhängigkeit,
- in der Kostenüberlastung

Achte beim Kauf auf Sicherheit und Qualität.

**3. Chancen der Haushaltstechnik finden sich:**

- Mehr Zeit für sich
- Weniger schwere Arbeit
- Entlastung von schwerer körperlicher Arbeit
- Energiesparmöglichkeiten bei neuen Geräten
- Ressourcenschutz bei Wiederverwertung

**Merke** Die Grenzen und Risiken der Technikanwendung im Haushalt werden vom Menschen und von der Technik bestimmt. Verantwortungsvoller Umgang erleichtert die Hausarbeit, vermindert den Energieverbrauch und schont die Umwelt.

*Bildnachweis zu den Seiten des Lehrerhandbuchs*

**Fotos**

**Nadine Dilly, Oberhausen:** S. 9 (u.) - **Fotolia.com:** Umschlagseite 1 (o. l., © Hannes Eichinger; o. r., © Gilles Paire; u. l., © Kzenon), S. 9 (o., © Wally Sternberger), 13 (o., © Erik Schumann; M., © Kadmy; u. © Gary Blakeley), 25 (© Gunnar Nienhaus), 45 (l., © Dave Peck; r., © Jaimie Duplass), 51 (© Starpics), 61 (o., © Siegfried Schnepf), 67 (o. l., © Vladimir Kolobov; u., © Doc RaBe), 97 (u. l., © Yuri Arcurs; u. r., © Tiler84), 99 (© iceteastock), 101 (u., © LobsteR), 107 (u., © Davidus) - **Th. Frauenknecht, Loderbach:** S. 65, 95 (o.) - **MEV Verlag GmbH, Augsburg:** Umschlagseite 1 (u. r.), S. 27 (u.), 31 (u.), 59, 63 (u.), 95 (u.) - **J. Moser, Amberg:** S. 33, 49, 71 (o.), 81, 85 - **K.-H. Neumann, Alteglofsheim/BV 1:** S. 27 (o.) - **picture-alliance:** S. 57 (dpa-Grafik/dpa-infografik), 61 (u., ZB/SZ Ronald Bonss), 63 (M., Arco Images GmbH/Rudolf), 67 (o. r., dpa/Bernd Thissen), 71 (u., dpa/dpaweb/Daniel Karmann), 89 (dpa-Grafik/dpa-infografik), 101 (o., dpa/Bernd Weißbrod) - **Projekt Photos, Augsburg:** S. 31 (o.) - **TÜV Rheinland LGA:** S. 107 (o.) - **Verlagsarchiv:** S. 103

**Grafiken**

**Aleš Vrtal, Kemmern:** S. 63 (o.), 105

*Bildnachweis zu den Miniaturansichten der Lösungsseiten der Arbeitsblätter*

**Fotos**

**Nadine Dilly, Oberhausen:** S. 108 (AB 1 u.) - **Fotolia.com:** S. 108 (AB 1 o., © Wally Sternberger), 108 (AB 3 o., © Erik Schumann; M., © Kadmy; u., © Gary Blakeley), 109 (AB 10, © Gunnar Nienhaus), 112 (AB 20 l., © Dave Peck; r., © Jaimie Duplass), 112 (AB 23, © Starpics), 114 (AB 28 o., © Siegfried Schnepf), 117 (AB 46 u. l., © Yuri Arcurs; u. r., © Tiler84), 117 (AB 47, © iceteastock), 117 (AB 48 u., © LobsteR), 118 (AB 51 u., © Davidus) - **Th. Frauenknecht, Loderbach:** S. 116 (AB 45 o.) - **MEV Verlag GmbH, Augsburg:** S. 109 (AB 11 u.), 110 (AB 13 u.), 113 (AB 27), 114 (AB 29 u.), 116 (AB 45 u.) - **J. Moser, Amberg:** S. 110 (AB 14), 112 (AB 22), 114 (AB 35 o.), 115 (AB 38), 115 (AB 40) - **K.-H. Neumann, Alteglofsheim/BV 1:** S. 109 (AB 11 o.) - **picture-alliance:** S. 113 (AB 26, dpa-Grafik/dpa-infografik), 114 (AB 28 u., ZB/SZ Ronald Bonss), 114 (AB 29 M., Arco Images GmbH/Rudolf), 114 (AB 35 u., dpa/dpaweb/Daniel Karmann), 116 (AB 42, dpa-Grafik/dpa-infografik), 117 (AB 48 o., dpa/Bernd Weißbrod) - **Projekt Photos, Augsburg:** S. 110 (AB 13 o.) - **TÜV Rheinland LGA:** s. 118 (AB 51 o.) - **Verlagsarchiv:** S. 117 (AB 49)

**Grafiken**

**Aleš Vrtal, Kemmern:** S. 114 (AB 29 o.), 118 (AB 50)